선무예 (仙武藝)

저자 허일웅

동양의 고대로부터 수련한 생명의 질을 높이는 수련법
우주(宇宙)의 시원(始原)인 기(氣)로 몸을 수련하는 방법론
웰빙에 맞는 고대로부터의 동양 수련문화

저자 허일웅

1970. 5 대동류 유술 시연

1970. 6 서예를 통한 마음 순화

1998. 10 중국 양생태극 전수자 전수식

2002. 9 대동류 유술 후계자 승계

2006 무예 포럼

2000. 중국 산야 국제 타이치 대회

1962. 4. 고교시절 시범

1975. 영국에서 시범

2001. 일본 명치신궁 다나까 관장 한일무술교류 표창

1998. 일본 도쿄대학 대동류 시범

박현옥 의 양생 풍류선

허재원의 무술 시연

2016. 중국한중일 기공 연합

2012. ,오금희 복원중국 상하이 체대 교수

제166호

가 입 증

단 체 명 : 국민생활체육전국전통선술연합회
성명(대표자) : 허 일 웅
주민번호 : 461204
임 기 : 가입일로부터 2011년 정기대의원총회 마지막일

국민생활체육회 정관 제9조에 의거, 위와
같이 본회 회원단체로 가입하였음을 증명함.

2010년 5월 19일

국민생활체육회장

2010. 5 국민생활체육회 가입증

2016, 8 국제 헬스치궁 연합회 가맹증

중국 국제 헬스치궁 연합회 집행위원 당선증서

2018 박현옥 교수 국제 헬스치궁 7단 증서

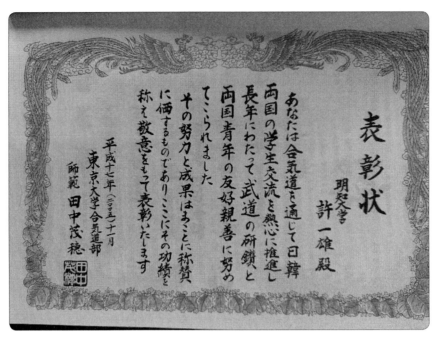

2005,한일무술 교류 공헌

1999. 8 중국 우슈 협회 우슈 7단증서

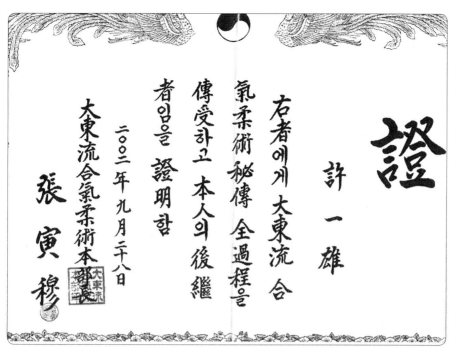

대동류유술 후계자 증서

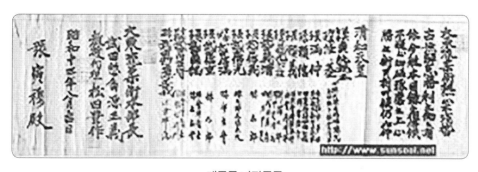

대동류 비전목록

제2020-208호

법인설립 허가증

☐ **법 인 명** : 사단법인 대한선무예협회

☐ **소 재 지** : 서울특별시 종로구 종로 80-2, 3층

☐ **대 표 자**

  ○ 성   명 : 허 일 웅

  ○ 주민등록번호 : 461204-1******

  ○ 주   소 : 경기도 성남시 분당구 정자일로 239, 102동 1805호

☐ **허가조건**

  ○ 법인의 설립목적 달성과 목적사업의 원활한 수행을 위해 관계법령 및 정관의 제 규정을 준수하여야 함.

  ○ 다음 각 호에 해당된다고 인정될 때에는 법인설립 허가를 취소함

    - 정관변경 허가 없이 기본재산을 임의로 처분하는 경우

    - 정관변경 허가 없이 수익사업을 행하는 경우

    - 정당한 이유 없이 설립허가를 받은 날로부터 6월 이내에 목적사업을 개시하지 아니할 때

「민법」 제32조 및 문화체육관광부 및 문화재청 소관 비영리법인의 설립 및 감독에 관한 규칙」 제4조의 규정에 따라 위 비영리 체육법인의 설립을 허가합니다.

2020년 11월 5일

서울특별시

위 촉 장

허 일 웅

귀하를 전통무예진흥위원회 위원으로
위촉합니다.

(임기: 2020년 5월 20일부터
2022년 5월 19일까지)

2020년 5월 20일

 문화체육관광부장관
박 양

머리말...

선무예(仙武藝)(일명 선술)는 자아의 생존방위 혹은 종족유지를 위하여 필연적으로 출발하였다. 선무예는 모든 것을 포용하는 한국인의 고유한 몸짓이라고 할 수 있다. 선무예(仙武藝)는 동양3국의 보편적 개념인 운동의 한국적 순수한 개념이라고 정의할 수 있다. 선무예(仙武藝)가 동양의 전통 체육이라고 할 수 있는 무술과의 차별적 특성은 그 이면에 풍류(風流) 사상이 깃들어 있다는 것이다. 풍류(風流)는 한국인만의 독특한 생활문화이며, 한국인의 독특한 몸짓이며, 한국인의 독특한 멋이다. 통일신라의 최치원 선생이 우리나라에는 현묘(玄妙)한 도(道)가 있는데. 그것을 풍류(風流)라 하며, 선사(仙史)에 자세히 기록되어 있으며, 여기에는 이미 유불도(儒佛道) 삼교(三教)의 사상이 포함되어 있으며 널리 백성을 교화(教化)시키는 우리 고유의 문화이자 사상이라고 하였다.

선무예(仙武藝)의 특성은 사람을 건강하게 하고 질병을 치유하는 도구가 될 때에는 선술(仙術)이 되고, 그것이 생존을 위한 투쟁의 도구가 될 때에는 무술(武術)이고,멋스러움을 즐길 때는 예술(藝術)이 된다는 점이다. 우리의 놀이 문화인 제기차기, 자치기, 강강수월래, 성벽 밟기, 고싸움 등이 선무예이며, 기(氣)를 타고 우아한 아름다움을 뽐내는 무용(舞踊)이 선무예이며, 세계 민속 음악 중에서 가장름답다고 평가를 받는 아리랑과 우리의 삶과 우리의 애환을 노래등이 또한 우리 한국인의 선무예(仙武藝)이다. 우리의 생활에서 지팡이와 비슷한 작대기가 지게를 받칠 대는 버팀대가 되고 빨래 줄을 지탱하는 지지대가 되고 몸이 불편할 때는 지팡이가 되고 싸움에서는 무기가 되는 것이 한국 선무예(仙武藝)의 또 다른 특징이다. 선무예의 공법(功法)에서도 맨손으로 하면 풍류장(風流掌), 검(劍)을 잡으면 풍류검(風流劍), 지팡이로 하면 풍류봉(風流棒),부채를 잡으면 풍류선(風流扇)이 되는 점이다. 또 선무예는 동양의 다른 무술과는 달리 그이면에 멋과 참스러운 한국인 고유의 풍류(風流)사상과 홀로 신선(神仙)이 되는 것이 아닌, 여럿을, 그리고 널리 유익(有益)하게 하는 홍익(弘益) 정신이 깃들어 있다. 오늘날 세계 속으로 퍼져나가 우리의 독특한 대중문화가 세계 각국의 대중문화화 되는 현상인 한류(韓流)에는 이러한 우리의 사상이 깃들어 있다. 따라서 선무예를 행하고 수련하는 자는 마땅히 널리 전하고 나누어야 하는 책무가 주어진다.

그리고 60여년의 무예 수련을 통하여 뒤를 돌아보기도 수차례했으나 아직도 갈길이 먼

것을 알게되었으며 이 교재가 나오기 까지 이 현수 학술위원장을 비롯 위원들께 감사를 드리며 이제 오랜 동안 준비하고 소망하던 선무예에 대한 교재를 출간하게 되어 기쁨보다는 부족함의 두려움이 앞선다. 많은 지도와 편달, 그리고 격려를 바란다.

2021년 신춘에
무봉산 기슭 연구실에서
저자 허일웅

Ⅲ. 수련론(修煉論)

I. 선무예의 이해

1. 선무예(仙武藝)의 정의

동아시아 3국, 즉 한국, 중국, 일본에서의 보편적으로 사용하는 전통체육은 무술(武術)무예(武藝)무도(武道)라는 명칭을 가장 많이 사용하고 있고, 또 건강을 위한 정형화된 움직임, 즉 공법(功法)을 양생법이라고 한다. 치궁(氣功)은 주로 동양의 주요 종교인 유불도(儒彿道) 삼교(三敎)의 특징 중의 하나인 수행(修行), 또는 수련(修煉)을 통하여 긴 역사를 통하여 생성(生成), 발전(發展)되어 왔음은 부인할 수 없는 사실이다. 유불도(儒彿道) 삼교(三敎)는 중국을 통하여 한국과 일본에 전래되었기 때문에 주로 삼교(三敎)의 수련(修煉) 방법으로 태동된 치궁(氣功) 또한 중국의 영향을 많이 받은 것도 사실이다.

선무예(仙武藝)는 동양 삼국의 보편적인 수련문화이며, 방법론인 치궁의 한국적 인식(認識)이라고 할 수 있다. 물론 명칭만 선무예(仙武藝)가 아니고 한국적 철학과 생활문화가 특성적으로 내포(內包)되어 있는 것이 한국의 선무예(仙武藝)이다. 선무예는 신라 때 최치원이 언급한 선도(仙道)의 실천적 몸짓이라고 달리 정의할 수 있다. 한국의 선도(仙道)나 선무예(仙武藝)의 정체성을 논의 하는데 최치원의 이 언급은 매우 중요한 사상적, 민족적 그리고 한국의 수련문화에 대하여 매우 중요한 의미를 갖는다.

國有玄妙之道 曰風流 設敎之源 備詳仙史 實內包含三敎 接化群生.

위 글의 내용은 "우리나라에 玄妙한 道가 있으니 이를 風流라 이른다. 그 敎의 기원은 仙史에 자세히 실려 있다. 실로 이는 三敎를 포함하고 있고, 중생을 교화한다."이다. 최치원의 활동 시기는 통일신라 말인 서기 900년의 전후라고 추정된다. 위 최치원의 비문(碑文) 내용으로 보아 나라에 현묘(玄妙)한 도(道)가 있었는데 그것을 풍류(風流)라 한다. 그리고 그 당시에 선사(仙史)라는 문헌이 존재했던 것으로 여겨진다. 선사(仙史)라는 것이 무엇을 의미하는지는 우리나라 민족성의 형성과 선도(仙道)의 정체성(正體性)을 규명하는데 매우 중요한 의미가 있다. 이는 나라의 현묘한 도(道)인 풍류(風流)와도 관계가 깊을 것이라고 사료된다. 풍류가 곧 선도(仙道)이고 이로 미루어보아 한국의 선(仙)은 한국인의 생활과 밀접한 관계가 있다.

풍류(風流)는 우리 민족의 멋스럽고, 참되고, 널리 이롭게 하는 생활을 말한다. 이는 선인(仙人)들의 생활이라고 고대 중국인들은 인식하였다. 그것이 중국 역사서 위지(魏誌)를 비롯한 고대의 여러 문헌에 기록되어 있다. 중국과 한국의 문화와 사상을 모두 접한 최치원은 이것을 '玄妙之道'라고 하였고 선사(仙史)에 자세히 기록되었다고 하였다.

풍류(風流)가 생활의 정체성을 나타낸다고 한다면 그 풍류(風流), 즉 생활의 몸짓이 선무예(仙武藝)이다. 선무예(仙武藝)를 두 가지 측면으로 볼수 있는데, 광의(廣義)의 선무예의 선술은 풍류(風流)의 보편적인 몸짓을 뜻하고, 협의(俠義)로는 그 중에 무술(武術)에 대한 몸짓이라고 범위를 한정할수 있다. 선무예(仙武藝)의 정체성을 세우기 위해서는 먼저 선(仙)의 개념을 확립하여야 한다. 여기에 대해 이현수(2009)가 한국 선도(仙道)의 발생 연원(淵源)과 그 특성에 관한 연구에서 인용함으로서 그 개념에 대해 설명하고자 한다.

중국과 한국의 하늘 관(觀)을 비교하면 '중국적인 천(天)의 개념은 인간적이기 보다는 언제나 인간에 앞서는 그리고 인간보다 더 높은 그 무엇으로서의 천(天)이라고 했다. 하지만 한국의 선(仙)에 담겨진 천(天)의 의미는 중국의 그것과는 다르다. 기본적으로 유가(儒家)적 천(天)의 그와 같은 공능과 존재성을 인정하면서도 현실적 의의에 있어서 한국의 하늘은 보다 인간에 가깝고 친근한 개념으로 변화되어 갔으며, 인간에게 좀처럼 앞서가지 않으며 그냥 그렇게 인간의 삶과 세계에 더불어 함께하는 의미로서 자리 잡고 있다.'고 하였다(민영현, 1998). 이와 같은 민영현의 견해도 그 속을 깊게 헤아려 보면 중국이 인간과 차별하여 두려워하고 숭배의 대상이라면, 한국의 하늘에 대한 생각은 인간과 친화적이라고 하였는데, 이는 위에서 언급한 한국에서의 선(仙)의 개념을 설명할 수 있고, 또 증거(證據)할 수 있는 견해라고 하겠다.

중국은 전통적으로 유가(儒家)와 도가(道家)의 문화가 깊게 영향을 끼쳤다고 할 수 있다. 유가는 인간의 관계론 적인 윤리를 중요시하여 바른 정치를 행하여 평천하(平天下)에 이르는 것을 강조한 것이라면, 도가(道家)는 유가(儒家)의 인위적(人爲的)인 노력보다는 자연(自然)과 무위(無爲)를 주장하여 중앙집권적인 전체의 질서보다는 개인의 무위적이고 근원으로 돌아가려는 귀근복명(歸根復命)하는 수련을 통하여 신선(神仙)과 같은 목표에 이르는 이른바 신선사상(神仙思想)이 도교를 중심으로 발전하였다. 따라서 갈홍(葛洪)의 포박자(抱朴子)에서 논하는 신선사상(神仙思想)과 같이(장영창, 2003) 중국은 인간의 노력을 통해서 신(神)과 같아지려는 목적론적(目的論的)인 의도에서 신선사상(神仙思想)이 태동하였다면, 한국의 선(仙) 사상은 신(神)의 자손이라는 본질적(本質的)인 특성에서 출발하였다고 결론지울 수 있다.

위의 내용으로 보면 중국과 한국에서의 선(仙)의 인식(認識)은 본질적으로 다르다는 것을 알 수 있다. 선무예(仙武藝)는 이러한 한국인의 본질적 사상이 배어있는 몸짓이다. 먼저 광의(廣義)의 측면에서 선무예(仙武藝)를 살펴보면 생활의 안정성 보장을 위한 자위(自衛)의 수단으로 그리고 생활의 영위를 위한 도구의 목적으로 발전한 것이 무술(武術)이다. 한국의 무술(武術)은 중국의 그것과 같이 형식과 기록에 치우치지 않고 생활을 통한 자연스러운 몸짓이 주를 이룬다. 생활의 도구로 만들어진 활, 하늘에 제사(祭祀)지내고, 모여서 즐기는 목적으로의 씨름, 지게를 지고 가다가 위험에 직면하였을 때 작대기를 활용한 곤술(棍術), 멋스러운 발짓으로 상대를 제압하되 살생(殺生)에 이르지 않는 권법 등이 선무예(仙武藝)로서 싸움기술의 다른 무술과 차별되는 살림의 무술(武術)이다.

우아한 몸의 움직임과 아름다움이 표현되는 한국의 춤, 풍년을 노래하고 신명나는 몸짓으로 심장의 박동을 표현하고 모두를 즐겁게 집중시키는 사물놀이, 사당 놀이, 생활을 노래하고 노래를 통하여 권선징악(勸善懲惡)을 교육하는 판소리, 마당놀이, 강강수월래, 성벽 밟기, 고 싸움, 기마전, 제기차기, 윷놀이, 자치기, 투호(投壺) 던지기 등이 모두 선무예(仙武藝)다. 선무예(仙武藝)는 중국과는 달리 개인주의를 지향하지 않는다. 모두 여럿의 즐거움과 하나 됨을 추구하는 특색이 있다. 풍류(風流) 사상을 이루는 홍익(弘益)사상이 밑바탕을 깔고 있다.

풍류의 몸짓 중에 사람의 생명을 다루는 우리의 의학도 특이하다. 중국과 일본에서 십여차례 이상 발간한 동의보감(東醫寶鑑)은 우리 민족성을 잘 나타내는 우수한 의학 체계이다. 난해한 문자와 신비주의로 가득 찬 중국의 의료 문헌과는 다르다. 실전적이고 환경을 중요시 여기고 임상(臨床)을 강조하고 출처를 정확하게 밝히고 있는 세계 의학 문화유산에 등재된 세계적인 의술서이다. 이것 또한 선무예(仙武藝)다. 선무예(仙武藝)의 사상을 통하여 세계 5대 음식 중의 하나인 김치를 만들어 내고, 세계에서 가장 우수한 문자(文字)이고, 다른 나라에 수출까지 하는 한글을 만들고, 세계 최초의 철갑선을 만들고, 그리고 지금은 한국의 대중문화가 다른 나라의 대중문화로 퍼져가는 한류(韓流)등이 모두가 풍류의 몸짓인 선무예(仙武藝)가 만들어 낸 것이다.

다음은 협의(俠義)의 선무예(仙武藝)인 무술(武術)의 특성에 대하여 살펴본다. 현대적인 협의의 선무예는 선(仙)과 무술(武術)의 결합이라 할수있다. 다시 말하면 선도(仙道)와 무술의 결합이고, 결국에는 무술(武術)의 양생(養生)으로의 전환(轉換)이라고 하였다. 현대의 물질문명의 가장 큰 단점은 오히려 발달된 과학이 건강을 위협한다는 것이다. 과학의 발달은 운송 수단의 발달을 가져와 이제는 멀지 않은 거리도 자동차를 타고 갈 정도이다. 이로 인해 운동의 부족에 노출된 현대인은 당뇨를 비롯해서 비만과 고혈압 등의 생활습관[1]병에 시달리고 있다. 무술(武術)에서 전환한 선무예(仙武藝)는 동양 전통적 움직임의 요소인 삼조[2](三調)의 수련에 보다 적극성을 둔 것이다. 지금 세계적으로 각광을 받고 움직이는 선(動禪; Moving Zen)이라고 하는 태극권이 무술(武術)에서 양생(養生)으로 전환한 대표적인 경우이다.

선무예(仙武藝)의 특징은 움직임에 호흡(呼吸)이 결합되므로 그 동작이 완만하고 부드럽다. 그래서 미학적(美學的)인 면이 나타난다. 호흡(呼吸)과 동작을 결합(結合)한다는 것은 기(氣)의 운용을 뜻하는 것이다. 우리 몸의 근원적인 생명력이라고 할 수 있는 기(氣)를 운용하여 움직이는 것은 원초적인 생명력을 수련하는 것이다. 따라서 선무예(仙武藝)는 그 양생(養生)적 효과가 매우 크다.

풍류 도인법과 양생풍류장은 이러한 특색을 지닌 양생공법(養生功法)으로서 효과도 뛰어나다. 무술(武術)의 가장 기본적인 움직임의 요소(要素)인 삼조(三調)의 수련으로 무술(武術) 기능의 향상과 함께 양생(養生)의 효과까지도 수련을 통하여 얻을 수 있다. 선무예(仙武藝)는 현대 과학문명의 발달로 인한 건강의 문제를 해결할 수 있는 방법론이기도 하다.

---

1 원래는 성인병(成人病)이러고 불리던 것이 최근에 생활습관병으로 통일하였다. 생화릅관병의 특징은 잘못된 생활로 인하여 질병에 노출된다는 것이다. 그리고 그것이 서서히 만성 질환으로 바뀌고 또 합병증을 유발하는 특징을 갖고 있으며, 주로 부유한 선진국에서 많이 발생하는 질병이다.

2 움직임의 기본 요소인 마음과 육체, 그리고 호흡의 세 가지 調和를 말한다.

2. 선무예의 역사적 고찰

1) 단군조선

한민족의 기원을 전하는 개국신화는 고기(古記)를 인용한 삼국유사 기이편(紀異編)과 중국의 위서(魏書)에 그 내용이 보이며, 이승휴(李承休)의 제왕운기(帝王韻記) 등에도 비슷한 내용이 있으나, 일반적으로는 삼국유사의 기록을 많이 인용한다. 이에 따르면

옛날 환인천제(桓因天帝)가 삼위(三危)·태백(太白)을 내려다보고 널리 인간 세상에 이익을 끼칠 만한 곳이라 하여, 아들 웅(雄)을 보내 천부인(天符印) 3개를 가지고 가 다스리게 하였다. 웅은 무리 삼천을 거느리고 태백산 신단수(神壇樹) 아래에 내려와서 신시(神市)라 일컬으니, 이가 환웅천왕(桓雄天王)이다. 웅은 풍백(風伯)·우사(雨師)·운사(雲師)를 지휘하여 곡식[穀(곡)]·명(命)·병(病)·형벌(刑罰)·선(善)·악(惡) 등 세상의 360여 가지 일을 다스렸다. 이때 곰 한 마리와 범 한 마리가 있어 한 굴속에 살면서 사람이 되기를 간청하였다. 웅이 쑥 한 줌과 마늘 스무 쪽을 주면서 이것을 먹고 백날 동안 햇빛을 보지 않으면 사람의 모양을 얻을 것이라고 하였는데, 범은 그대로 하지 못하고, 곰은 삼칠일(三七日) 동안 그대로 하여 여자가 되었다. 그러나 결혼할 남자가 없으므로, 웅녀(熊女)는 매일 신단을 향해 아이 가지기를 원하였다. 이에 웅이 남자의 몸으로 가화(假化)하여 이와 결혼하고 단군왕검(檀君王儉)을 낳았다. 단군은 요(堯; 唐高) 즉위 후 50년에 평양성(平壤城)에 도읍하고 나라를 조선(朝鮮)이라 일컬었으며 1500년 동안 나라를 다스리다가 장당경(藏唐京)으로 옮겼고 그 뒤 산신(山神)이 되었다(최호,2001) 고 하는데……

고구려신선도(무용총)

또 삼국유사에서 인용한 위서(魏書)의 내용은 "지금부터 2000년 전에 단군왕검(檀君王儉)

이란 분이 있어 아사달(阿斯達)에 도읍을 정하고 나라를 열어 조선(朝鮮)이라고 부르니 요(堯) 임금과 같은 때이다."라고 하였다(최호, 2001) 554년 중국의 정사(正史)인 위서(魏書)에 기록되어 있다 함은 단군조선의 실체를 중국의 정사에서 인정하였음으로 단군조선의 역사적 정통성이나 존재의 문제는 거론할 필요가 없다. 위 삼국유사의 내용을 보면, 고조선을 연 단군왕검은 하늘에서 지상으로 내려온 환웅(桓雄)과 곰이 사람으로 변한 여자와 사이에서 태어난, 신(神)과 인간(人間)의 자식이다.

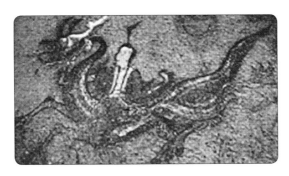

고구려신선(오호분 사효묘)

단군은 나라를 다스리다가 산신(山神)이 되었다고 기술하고 있다. '선(仙)'이라는 한자의 구성이 '山'과 '사람(人)'의 두 가지가 합쳐서 이루어진 말이라고 볼 때, 단군이 山神이 되었다 함은 바로 '神仙'으로 이해되어야 할 것이다. 이후에 한자라는 문자가 들어와 이의 문자적 표현이 '仙'으로 정착이 된 것이지 우리가 일상적으로 쓰는 '仙'의 의미는 중국의 '神仙'과는 그 바탕이 다르다고 할 수 있다. 즉 한국의 '仙'이라는 개념의 출발은 하늘의 '神'과 지상의 '인간'의 결합으로 탄생한 단군으로부터 시작되었다고 보아야 할 것이다. 이는 한국 선도(仙道)의 정체(正體)성을 정의하는데 매우 중요한 요인(要因)이다. 따라서 한국의 '仙'에 대한 정체성은 중국과는 다르게 출발되었음이 전제된다.

고구려 신선도(무용총)

2) 부도지(符都誌)

부도지(符都誌)는 기록 연대가 가장 오래된 한국의 역사서이다. 신라 눌지왕 때 박제상이 저술했다는 사서인 징심록의 일부이다. 1953년에 그 후손인 박금(朴錦)이 그 내용을 발표함으로써 일반에 공개되었고, 1986년 번역본이 출간되어 널리 알려졌다. 현존하는 부도지의 내용은 원본의 내용을 연구했던 기억을 복원한 것이라고 한다. 부도지는 충렬공 박제상 선생이 삽량주간(歃梁州干)을 맡아보고 있을 때, 전에 보문전 태학사로 재직할 당시 열람할 수 있었던 자료와 가문에서 전해져 내려오던 비서(秘書)를 정리하여 저술한 책이라고, 김시습 선생은 그의 〈징심록 추기〉에서 추정하고 있다. '부도(符都)'라는 말은 하늘의 뜻에 부합하는 나라, 또는 그 나라의 수도(首都)라는 뜻으로 풀이할 수 있다. 세종대왕은 영해 박씨 종가(宗家)와 차가(次家)의 후예들을 서울로 불러들여 성균관 옆에 거주하게 하고, 장로(長老)에 임명하여 편전(便殿)에 들게 했는가 하면, 김시습 선생은 훈민정음 28자를 이 《징심록》에서 취본(取本)했다고 증언하고 있다. 김은수(2002,한문화)가 주해(註解)한 부도지의 내용 중 일부를 보면,

마고성(麻姑城)은 지상(地上)에서 가장 높은 성(城)이다. 천부(天符)를 봉수(奉守)하여, 선천(先天)을 계승(繼承)하였다. 성중(成中)의 사방(四方)에 네 명의 천인(天人)이 있어, 관(管)을 쌓아 놓고, 음(音)을 만드니, 첫째는 황궁(黃穹)씨요, 둘째는 백소(白巢)씨요, 셋째는 청궁(靑穹)씨요, 넷째는 흑소(黑巢)씨였다. 두 궁씨의 어머니는 궁희(穹姬)씨요, 두 소씨의 어머니는 소희(巢姬)씨였다. 궁희와 소희는 모두 마고(麻姑)의 딸이었다. 마고는 짐세(朕世)에서 태어나 희노(喜怒)의 감정이 없으므로, 선천(先天)을 남자로 하고, 후천(後天)을 여자로 하여, 배우자가 없이, 궁희와 소희를 낳았다. 궁희와 소희도 역시 선천의 정을 받아, 결혼하지 아니하고, 두 천인(天人)과 두 천녀(天女)를 낳았다. 합하여 네 천인과 네 천녀였다.

선천(先天)의 시대에 마고대성(麻姑大城)은, 실달성(實達城)의 위에, 허달성(虛達城)과 나란히 있었다. 처음에는 햇볕만이 따뜻하게 내려 쪼일 뿐, 눈에 보이는 물체라고는 없었다. 오직 8 여(呂)의 음(音)만이 하늘에서 들려오니, 실달성과 허달성이, 모두 이 음에서 나왔으며, 마고대성과 마고도, 또한 이 음(音)에서 나왔다. 이것이 짐세(朕世)다. 짐세 이전에, 율려(律呂)가 몇 번 부활하여, 별들(星辰)이 출현하였다.
마고(麻姑)가 곧, 네 천인과 네 천녀에게 명하여, 겨드랑이를 열어 출산(出産)을 하게 하니, 이로

부터 12사람의 시조는 각각 성문(城門)을 지키고, 그 나머지 자손은 향상(響象)을 나눠서 관리하고, 수증(修證)하니, 성중(城中)의 모든 사람은, 품성(稟性)이 순정(純情)하여, 능히 조화(造化)를 알고, 지유(地乳)를 마시므로, 혈기(血氣)가 맑았다.

백소씨족(白巢氏族)의 지소(支巢)씨가, 여러 사람과 함께 젖을 마시려고 유천(乳泉)에 갔는데, 사람은 많고 샘은 작으므로, 여러 사람에게 양보하고, 자기는 마시지 못하였다

(그리하여) 오미(五味)를 맛보니, 바로 소(巢)의 난간의 넝쿨에 달린 포도 열매였다. 일어나 펄쩍 뛰었다. 그 독력(毒力)의 피해 때문이었다.

열매를 먹고 사는 사람들은 모두 이(齒)가 생겼으며, 그 침(唾)은 뱀의 독(毒)과 같이 되어버렸다. 이는 강제로 다른 생명을 먹었기 때문이었다. 수찰을 하지 않은 사람들은 모두 눈이 밝아져서, 보기를 올빼미와 같이 하니, 이는 사사로이 공률(公律)을 훔쳐보았기 때문이었다. 그런 까닭으로, 사람들의 혈육이 탁(濁)하게 되고, 심기(心氣)가 혹독하여져서, 마침내 천성을 잃게 되었다.

이에 사람(人世)들이 원망하고 타박하니, 지소씨가 크게 부끄러워 얼굴이 붉어져서, 권속(眷屬)을 이끌고 성을 나가, 멀리 가서 숨어 버렸다.

황궁(黃穹)씨가 그들의 정상을 불쌍하게 여겨 고별(告別)하며 말하기를, 「여러분의 미혹(迷惑)함이 심대(甚大)하여 성상(性相)이 변이(變異)한 고로 어찌할 수 없이 성중(城中)에서 같이 살 수가 없게 되었소. 그러나 스스로 수증(修證)하기를 열심히 하여, 미혹함을 깨끗이 씻어, 남김이 없으면, 자연히 복본(復本)할 것이니, 노력하고 노력하시오.」 하였다.

위의 내용은 부도지 전체 33장 중 7장까지의 주요 부분을 발췌한 것이다. 부도지는 비단 우리 민족의 상고사(上古史)만을 기록한 것은 아니다. 부도지는 지구상의 모든 인류에 대한 역사로부터 시작을 하고 있다. 위의 7장까지의 발췌된 부분은 인류의 시작을 다른 각도에서 바라본 성경(聖經: Bible)의 창세기와 여러 면에서 그 유사성을 발견할 수 있다. 우선 마고성과 성경의 에덴의 동산이 무두 산(山)에서 시작되었고, 성경에서 천지의 창조는 하나님의 말씀으로 했다고 하는데, 부도지 역시 모든 것이 음(音: 소리, 곧 말씀과 동일하다)에서 나왔다고 기록하고 있고, 부도지에서 인간의 시조(始祖)들의 대표를 12라고 했는데, 성경에서 하나님의 백성인 유대족도 12지파이다. 그리고 성경에서는 젖과 꿀을 먹었다고 하였는데, 부도지에서도 지유(地乳)를 마시므로 혈기가 맑아졌다고 한다. 부도지에서 인류가 마고성에서 나온 이유가 오미(五味)의 변이라고 일컫는 포도를 먹고 그 독력(毒力)의 피해 때문이라고 하며, 포도를 먹은 이후에 다른 생물을 먹은 이유로 치아(齒牙)가 생겼고, 눈이 밝아 졌으며,

심기(心氣)가 혹독해져서 마침내 천성(天性)을 잃게 되었다고 기술하고 있다. 마치 성경의 창세기를 읽는 것 같다. 다음에 부도지의 서두와 창세기를 비교표이다.

〈표〉 성경 창세기와 부도지 비교

구 분	성경(창세기)	부 도 지	비 고
창조 도구	말씀	음(音)	
시작 장소	에덴의 동산	마고(麻姑)성	마고성은 지상에 가장 높음
인류의 조상	아담(남성)	마고(여성)	
최초의 출산	아담의 갈비뼈	겨드랑이를 열어서	
음식	젖과 꿀	지유(地乳)	
樂園 축출 원인	선악과	포도(五味의 變)	
이후의 삶	회개, 찬양과 예배	修證, 하늘에 제사	영고, 무천

신라의 망부석(望夫石) 설화로 유명하고, 백결(白潔)선생의 부친이기도 한 박제상은 서기 363 ～ 418년에 생존했던 인물로 추정되는데, 이로 보아 부도지는 1140년에 쓰여 진 김부식의 삼국사기보다 700년 이상 앞서는 우리나라 최고(最古)의 사기(史記)이다. 김부식의 사기보다 700여년이 앞섰다는 것은 그 만큼 상고사(上古史)에 대한 사실도가 높다고 추정할 수 있으며, 박제상의 당시 기록이 성경의 창세기의 기록과 유사하다는 것은 시사(示唆)하는 바가 크다. 이는 부도지는 성경을, 성경은 부도지를 상호 신뢰성을 높여주는 충분한 증거가 되는 것이라고 판단되어 진다.

한편 한국의 상고사학회장을 역임한 율곤(律坤) 이중재는 부도지의 사실성을 확보하기 위하여 지구상에서 가장 높다는 파미르 고원을 여러 차례 답사하여, 그곳의 우전(宇田)이라는 높은 고원의 분지형 도시가 성경에 기록된 에덴의 동산과 많이 유사한 점을 발견하였다. 또 우전(宇田)의 중국어 발음이 '우뎬'으로 '에덴'과 유사성을 주장하면서 결국 성경의 창세기와 부도지의 기록은 같은 대상과 사건의 기록으로 추측된다고 하였다(이중재,1994).

부도지의 기록은 실낙원(失樂園) 이후에 인류는 세계 각처로 흩어지며, 그 중에서 마고성의 주도적 지파였던 황소(黃巢)씨 부족이 동북방향으로 이동하여 단군조선을 세운 것으로 기록된다. 부도지에서 한국선도의 특성에 영향을 미친 것으로는 복본(復本)과 수증(修證)이라고 할 수 있다. 복본(復本)[3]은 마고성 시절을 회복하는 것이고, 수증(修證)[4]은 복본에 이르기 위한 방법론이다. 수증(修證)은 한국 선도의 진정한 수련(修煉)의 방법론이라고 할 수 있다. 이것을 바로 아는 것이 우리 수련문화의 정체성을 회복하는데 중요한 관건이라 하겠다.

3. 한국의 선(仙)과 선도(仙道)의 의미

한국에서의 선(仙)의 의미를 이해하는 것은 한국 선도(仙道)의 본질을 이해하는 대 있어서 매우 중요하다. 한국의 선(仙)을 이해하는데 중요한 단서를 제공하는 것은 최치원의 난랑비 서에 나타난 비문(碑文)의 내용이다.

國有玄妙之道 曰風流 設教之源 備詳仙史 實內包含三教 接化群生

위 글의 내용은 "우리나라에 玄妙한 道가 있으니 이를 風流라 이른다. 그 教의 기원은 仙史에 자세히 실려 있다. 실로 이는 三教를 포함하고 있고, 중생을 교화한다."이다. 최치원의 활동 시기는 통일신라 말인 서기 900년의 전후라고 추정된다. 위 최치원의 비문(碑文) 내용으로 보아 그 당시에 선사(仙史)라는 문헌이 존재했던 것으로 여겨진다. 선사(仙史)라는 것이 무엇을 의미하는 지는 우리나라 민족성의 형성과 선도(仙道)의 정체성(正體性)을 규명하는데 매우 중요한 의미가 있다. 이는 나라의 현묘한 도(道)인 풍류(風流)와도 관계가 깊을 것이라고 사료된다. 한국의 선(仙)은 한국인의 생활과 밀접한 관계가 있다. 앞에서 살펴본 단군조선을 통하여 알 수 있는 것은 우리민족을 지칭하는 배달민족의 구성은 신시(神市)를 열기 위하여 하늘에서 내려온 3000명 하늘의 시민과 신(神)과 인간 사이에서 태어난 단군의 후손으로 이루어진다. 그렇다면 그들 최초의 생활은 하늘의 그것이었을 것이다. 그것이 지상에 그 연원을 갖고 있는 종족과 차별화되는, 나라의 현묘한 도(道)인 풍류(風流)라고 한 것이다. 또 선(仙)을 본질적(本質的)인 면에서 정의 하면 신(神)과 가까운 인간이라고 할 수 있다. 따라서 우리민족은 인간이 선인(仙人)에 이른 것이 아니고, 선인으로 시작했다고 할 수 있다.

---

3 복본은 실낙원 이후 낙원의 회복 사상이 담겨져 있다. 이는 고구려 건국 이념인 다물(多勿) 사상과 같이 옛 것의 회복하고자 하는 염원을 의미한다.

4 수증(修證)은 수련으로 증명되어진다는 문자적 의미와 같이 항상 수련을 게을리 하지 않음으로 자신의 정체성을 잊지 않는다는 의미가 들어 있다. 이것이 동아시아 보편적 의미인 기공(氣功)과 한국적 수련문화인 선무예(仙武藝)과의 차별점이라고 할 수 있다.

중국의 고대 역사기록에 나타난 우리 민족에 대한 기술을 살펴보자. 후한서(後漢書) 85권 동이열전제75(국사편찬위원회,1987)의 기록을 보면

　　王制云：東方曰夷' 夷者, 柢也, 言仁而好生, 萬物柢地而出, 故天性柔順, 易以道御, 至有君子□ 不死之國焉. 故孔子欲居夷也

왕제(王弟)에 이르기를 '동방(東方)을 이(夷)라 한다.'고 하였다. 이(夷)란 근본(根本)이다. (그 의미는) 이(夷)가 어질어서 생명(生命)을 좋아하므로 만물이 땅에 근본하여 산출(産出) 되는 것과 같다는 말이다. 그러므로 이(夷)는 천성(天性)이 유순(柔順)하여 도리(道理)로서 다스리기 쉽기 때문에 군자국(君子國)과 불사국(不死國)이 있기까지 하다. 그러므로 공자 (孔子)도 이(夷)에 살고 싶어 하였다. 또 동이족의 풍습에 대하여

　　東夷率皆土着, 熹飮酒歌舞, 或冠弁衣錦, 器用俎豆, 所謂中國失禮, 求之四夷者也

동이는 거의 모두 토착민으로서, 술 마시고, 노래하며, 춤추기를 좋아하고, 고깔을 쓰고, 비단옷을 입으며, 그릇은 조두(俎豆)를 사용하였으니, 이른바 중국이 예(禮)를 잊으면 사이 (四夷)에게서 구했던 것이다.

　　其人麤大彊勇而謹厚, 不爲寇鈔, 以弓矢刀矛爲兵, … 食飮用俎豆, 會同拜爵洗爵, 揖讓升降, 以臘 月祭天, 大會連日, 飮食歌舞, 名曰'迎鼓'

그 나라 사람들은 체격이 크고 굳세고 용감하며 근엄 후덕하여 다른 나라를 쳐들어가거나 노략질하지 않는다. 활, 화살, 칼, 창으로 병기를 삼으며... 음식을 먹고 마시는 데는 조두를 사용하며, 회합(會合) 시에는 배작(拜爵), 세작(洗爵)의 예(禮)가 있고, 출입(出入) 시에는 읍 양(揖讓)의 예가 있다. 납월(臘月)에 지내는 제천행사에는 연일 크게 모여서 마시고 먹으며 노래하고 춤추는데 그 이름을 영고(迎鼓)라 한다.

고대 중국에서 한국을 군자국(君子國)과 불사국(不死國)이라고 한 것은 추측컨대 이는 자 기들과는 차원이 현저하게 다름 표현이라고 사료된다. 그 이유는 그 당시 우리의 생활이 하 늘의 그것과 같았기 때문이라고 해석할 수 있다. 그 당시 우리의 생활이 바로 선(仙)이었던 것이라고 짐작할 수 있다. 중국의 세계적인 성인(聖人) 공자(孔子)도 우리와 살고 싶다고 한

것을 보면, 그 생활 자체가 하늘에서의 생활과 같았을 것이라고 결론지을 수 있다. 실제로 우리의 생활 용어에는 '선(仙)'이 들어간 말이 수없이 많다. 가장 아름다운 경치를 선경(仙境)이라 하고, 기품이 있고 맵시가 고운 미인을 형용하여 이르는 말을 선자옥질(仙姿玉質), 풍채가 좋고 잘 생긴 사람을 선풍도골(仙風道骨), 아름다운 여자를 선녀(仙女) 등으로 부르는 것으로 미루어 보아 옛 조상은 신선(神仙)과 같은 생활을 한 것을 미루어 짐작할 수 있다. 또 조상들의 발길이 스쳤고, 심신수련장이었던 명산대천(名山大川) 가운데, 비선대(飛仙臺), 와선대(臥仙臺), 선녀탕(仙女湯), 선유담(仙遊潭), 칠선(七仙)계곡, 선인봉(仙人峰), 신선대(神仙臺), 강선루(降仙樓) 등 신선과 관련된 이름이 수 없이 많으며(이승헌, 1992), 신선(神仙)과 관련된 우화도 많이 있다. 이는 우리의 건국신화와 무관하지 않은 것이며, 최치원의 난랑비문에 등장하는 선사(仙史)도 그 당시의 상고사, 고대사일 것이라고 짐작할 수 있다. 이와 같이 한국의 선(仙)은 한국인의 뿌리와 연관된 한국인의 본질과 관계가 깊은 것이고, 선도(仙道)는 선(仙)의 실천적인 삶을 사는 마땅히 지키고 행하여야 할 도리(道理)이고, 부도지에서는 수증(修證)이라고 표현한 것이다. 윤이흠(2008)은 한국의 선(仙), 선도(仙道)와 관련하여

　그런데 선 또는 선도에는 우리고유의 전통을 갖고 있다고 믿는 것이 지금까지 선 계통이 지켜온 일반적 태도이다. 한마디로 "선(仙)은 우리의 고유문화(固有文化)"라는 확신을 갖고 있다. 선은 우리 고유문화 전통을 지칭하는 용어며, 그 용어가 지칭하는 내용은 우리의 고유문화라는 확신을 지니고 있는 것이 오늘의 실태이다. 이러한 점들은 하루 속히 우리의 고유전통이 무엇인가를 밝혀 재정립하고, 나아가 그 위에서 우리의 고유문화를 세계사회에 활발하게 소개할 준비를 서둘러야 한다는 것을 말한다.

선(仙)을 한국의 고유문화라고 주장하고 있다. 실로 선(仙)은 한국 민족의 고유한 특성이자 고유의 문화이고 민족성 형성의 중요한 요소라고 할 수 있다.

4. 한국의 선도(仙道)와 중국의 신선사상(神仙思想)

민영현(1998)은 중국과 한국의 하늘 관을 비교하면서 '중국적인 천(天)의 개념은 인간적이기 보다는 언제나 인간에 앞서는 그리고 인간보다 더 높은 그 무엇으로서의 천(天)이라고 했다. 하지만 한국의 선(仙)에 담겨진 천(天)의 의미는 중국의 그것과는 다르다. 기본적으로 유

가(儒家)적 천(天)의 그와 같은 공능과 존재성을 인정하면서도 현실적 의의에 있어서 한국의 하늘은 보다 인간에 가깝고 친근한 개념으로 변화되어 갔으며, 인간에게 좀처럼 앞서가지 않으며 그냥 그렇게 인간의 삶과 세계에 더불어 함께하는 의미로서 자리 잡고 있다.'고 하였다. 이와 같은 민영현의 견해도 그 속을 깊게 헤아려 보면 중국이 인간과 차별하여 두려워하고 숭배의 대상이라면, 한국의 하늘에 대한 생각은 인간과 친화적이라고 하였는데, 이는 위에서 언급한 한국에서의 선(仙)의 개념을 설명할 수 있고, 또 증거(證據)할 수 있는 견해라고 하겠다.

중국은 전통적으로 유가(儒家)와 도가(道家)의 문화가 깊게 영향을 끼쳤다고 할 수 있다. 유가는 인간의 관계론 적인 윤리를 중요시하여 바른 정치를 행하여 평천하(平天下)에 이르는 것을 강조한 것이라면, 도가(道家)는 유가(儒家)의 인위적(人爲的)인 노력보다는 자연(自然)과 무위(無爲)를 주장하여 중앙집권적인 전체의 질서보다는 개인의 무위적이고 근원으로 돌아가려는 귀근복명(歸根復命)하는 수련을 통하여 신선(神仙)과 같은 목표에 이르는 이른바 신선사상(神仙思想)이 도교를 중심으로 발전하였다. 따라서 갈홍(葛洪)의 포박자(抱朴子)에서 논하는 신선사상(神仙思想)과 같이(장영창, 2003) 중국은 인간의 노력을 통해서 신(神)과 같아지려는 목적론적(目的論的)인 의도에서 신선사상(神仙思想)이 태동하였다면, 한국의 선(仙) 사상은 신(神)의 자손이라는 본질적(本質的)인 특성에서 출발하였다고 결론지을 수 있다.

5. 한국선도의 특성적 고찰

1) 복본(復本)과 다물(多勿) 사상

복본(復本)의 문자적인 의미는 본래(本來)의 회복을 말한다. 부도지(符都誌)에서 마고성(麻姑城)이 오미(五味)의 변으로 변질되면서, 그곳을 떠나 세계 각지로 흩어지면서, 하늘의 생활이었던 마고성의 시절을 회복하려고 다짐한 것이 복본(復本)이고, 이것은 우리뿐만이 아니고 모든 인류의 희망이기도 하다. 특히 우리 민족은 고대로부터 일 년에 한 번씩 모든 무리가 모여 춤추며 노래하며 하늘에 제(祭)를 올리며 축제의 행사를 한 것이 우리의 역사에 동맹(東盟), 영고(迎鼓), 무천(舞天) 등으로 기록되어 있고, 먼저 살펴본바와 같이 '동이(東夷)는 모두 술 마시고, 노래하며, 춤추기를 좋아하고, 고깔을 쓰고, 비단옷을 입으며, 그릇은 조두(俎豆)를 사용하였으니, 이른바 중국이 예(禮)를 잊으면 사이(四夷)에게 서 구했던 것이다.'라고 하였다. 이는 우리의 고대 생활이 무질서하게 춤추고 노래한 것이 아님은, 그들이 예(禮)를 잊으면 우리에게 구했다는 것으로 증명이 된다. 또 멋스러운 생활, 즉 신선(神仙)의 삶을 영위했다는 것을 증명하는 것이기도 하다. 고구려의 동맹(東盟)이나 부여의 영고(迎鼓), 예맥의 무천(舞天)이 바로 그러한 행사이다. 이는 우리 민족이 그 옛날의 하늘의 생활을 그리며, 한편으로는 복본(復本)의 의지를 다지는 행사이며, 또 생활의 일부이었다고 추정할 수 있는 것이다.

다물(多勿)은 고구려의 건국이념이다. 고구려의 건국은 당시 우리 부족 간의 통합이기도 하지만, 중국 한나라가 우리의 지역에 설치했던 한사군과의 대립에서 승리하고, 그들을 몰아내고 나라를 세운 것에 더 높은 의의가 있다. 고구려는 2천 년을 넘게 이어온 우리의 고대 국가 고조선의 맥을 잇는 목적을 가지고 탄생한 나라이다. 그래서 고구려의 건국이념은 옛 고조선의 계승과 회복에 있다. 다물(多勿)은 그러한 회복의 의지를 의미하는 말이다. 다물(多勿)의 어원(語源)은 '다 물리다'의 순수한 우리말을 한자를 빌어서 표현한 말로, 과거 고조선의 만주와 중국본토의 북쪽에 이르는 영토의 회복을 의미한다. 그 의지의 실천은 광개토대왕 때 절정을 이루었고, 또 중국 수당(隨唐)의 침입을 격퇴하는 원동력이 되었을 것이다.

선도(仙道)가 하늘의 생활과 같은 생활의 도리라면 복본(復本)과 다물(多勿) 사상은 하늘 백성의 본분과 모든 것을 회복하려는 우리 선도(仙道)가 갖는 목적론적(目的論的) 사상(思想)의 특성 중의 하나라고 할 수 있다.

2) 홍익(弘益) 사상

홍익(弘益)은 널리 인간세계를 이롭게 한다는 뜻으로, 국조(國祖) 단군(檀君)의 건국이념이며, 고조선 개국 이래 한국 정교(政敎)의 최고 이념으로, 이 말은 삼국유사의 고조선 조에 나오는 말이다(최호,2001). "옛날 환인(桓因)의 서자 환웅(桓雄)이 자주 천하에 뜻을 두고 인간세상을 탐내어 찾았다. 아버지가 아들의 뜻을 알고 아래로 삼위태백(三危太伯)을 굽어보니 인간을 널리 유익하게(弘益人間)할 수 있었다. 그리하여 태백산으로 내려와 결국 단군조선을 건국하게 되었는데, 홍익인간은 이때부터 한국의 건국이념이 되었고, 1949년 대한민국 정부 수립 이후 민주헌법에 바탕을 둔 교육법의 기본정신이 되기도 하였다. 곧 교육법 제1조에는 "교육은 홍익인간의 이념 아래 모든 국민으로 하여금 인격을 완성하고 자주적 생활능력과 공민으로서의 자질을 구유하게 하여 민주국가 발전에 봉사하며 인류 공영(共榮)의 이

상 실현에 기여함을 목적으로 한다."고 규정되어 있다.

한국인은 정(情)이 많은데 , 정(情)이란 바로 사랑을 말하며, 이 사랑은 어느 한 사람을 특정하게 사랑하는 것이 아니고, 한국 사람의 인간관계에서 나타나는 보편적인 사랑을 말한다. 특히 한국 사람의 열정적인 특성의 그 뿌리는 여러 사람이 유익하고 즐기려는 선(仙)사상과 홍익(弘益) 사상이 합쳐서 이루어낸 한국 민족성의 특성이자, 이것이 곧 복본(復本)의 실천의지이자 원리인 선도(仙道)의 특징이라고 할 수 있는 것이다.

이미 언급한 바와 같이 중국의 신선사상은 개인의 신선이 되려는 목적론적(目的論的)인 수련 사상에서 나왔다고 하였는데, 실질적으로 중국에서 완성된 수련이론인 내단(內丹) 이론은 모두 난해하고 신비스러운 것이 특징이다. 반면에 같은 내단수련 이론을 근거로 해서 쓰여 진 조선 중기 정렴(鄭濂) 선생의 용호비결(龍虎秘訣)은 중국의 내단 이론서에 비해서 한국 선도의 특징이 두드러지게 나타난다. 용호비결은 중국의 내단서에 비해서 실전적으로 쉽게 알 수 있도록 쓰여 졌고, 곳곳에 구체적인 예를 들어 놓았고, 결론 부분에 정렴 선생은 용호비결을 쓴 목적은 중국의 내단이론서의 왕으로 칭송 받는 참동계(參同契)[5]가 이해하기가 어려워 비록 수련이론서가 한 수레에 꽉 찼을 지라도 그 이해가 쉽지 않아 수련하는 사람을 사랑하는 마음으로 썼다고 적고 있다(이현수, 2006). 이는 한국 선도의 특징인 홍익(弘益) 사상의 발로이다. 한국의 국가적 위기 상황에서 국민 모두가 단결하는 것은 복본(復本)과 홍익(弘益)사상의 발로라고 할 수 있다.

3) 풍류(風流) 사상

풍류(風流)의 사전적 의미는 우아하고 멋스러운 정취(情趣)이다. 본래 선인(先人)들, 특히 성현(聖賢)들의 유풍(遺風) 전통을 말하였으나, 점차 고상한 아취(雅趣) 멋스러움을 말하게 되었다. 신라의 최치원(崔致遠:857~?)이 풍류(風流)를 현묘한 도(玄妙之道)라 하여 유(儒) ·

---

5 총 3권으로 후한(後漢) 때 위백양(魏伯陽)이 지었다. 연단, 도교의 신선사상, 〈주역 周易〉의 3자가 서로 맞물려 있기 때문에 '참동계'라고 부르게 되었다. 〈참동계〉는 내용이 매우 어렵고 심오하기 때문에 그 해석이 분분하다. 사람은 정·기(精氣)로 만들어져 있는데 이 정과 기는 바로 음·양(陰陽)이다. 연단은 음양을 잘 조제해 정기를 충실하게 유통시킴으로써 사람의 건강과 장수를 돕는 데 그 목적이 있다. 도교의 내단(內丹)에서는 각각의 생리에 따른 음양운동의 변화법칙을 잘 파악하는 것이 요구된다. 기욕(嗜欲)을 버리고 오로지 허정(虛靜)한 마음을 지님으로써 원기를 단전(丹田)에 간직하도록 해야 한다. "신운정기(神運精氣)로 결합할 때 단(丹)이 이루어진다"고 하는데 이는 후세의 기공(氣功)과 유사하다. 〈참동계〉에서는 내적인 수련 외에도 광물을 연소시켜서 만든 금단(金丹)을 복용하면 인체를 보양할 수 있다고 주장한다. 후세에 도교의 수련은 내단·외단의 2파로 나누어졌으나 이들은 모두 〈참동계〉에 그 근원을 두고 있다. 송대(宋代) 주희(朱熹)의 〈주역참동계고이 周易參同契考異〉 1권이 있다.

불(佛) · 도(道) 3교사상을 포함하고 있고, 선사(仙史)에 기록되어 있는, 우리 본래의 것으로 해석한 바 있어 한국의 고유사상을 의미하기도 한다. 여기서 최치원은 풍류(風流)를 나라의 현묘한 도(道)라고 하였고, 이는 선사(仙史)에 자세히 기록되어 있다고 하였다. 이 의미는 한국의 선도(仙道)와 깊은 관련이 있다고 보아야 할 것이다. 우선 이에 대한 선행 논문의 견해를 몇 가지 살펴보고자 한다. 먼저 윤이흠(2008)의 견해를 보자.

우리민족의 고유 문화전통의 정체성(正體性)에 대한 분명한 인식이 신라 말의 최치원(崔致遠)이 쓴 '난랑비서문'에서 잘 나타난다. 이 글에서 최치원은 "우리나라에는 현묘지도(玄妙之道)가 있으니, 이를 풍류(風流)라 한다. 이 교를 창설한 근본 내력에 관하여는 선사(仙史)에 자세히 밝혀져 있는데, 사실은 유불선의 삼교(三敎)를 포함하여 중생을 교화하려는 것이다"고 말한다. 첫째, 당나라에 유학을 가서 과거에 급제하고 관직에 있다가 신라로 돌아온 최치원이 "우리나라에 현묘한 도가 있다"고 한 말은, 그가 우리민족이 한문을 받아들이기 이전부터 이미 고유한 도가 있었다는 사실을 분명하게 주장하는 것이다. 우리의 고유한 현묘지도를 풍류(風流)라고 지적하면서, 그는 그 풍류의 가르침이 전해오는 근본 내력에 관하여는 "선사(仙史)"라는 책에 자세하게 밝혀져 있다고 말한다. 둘째, 최치원이 고대의 "선사"라는 책에 근거하여 풍류를 언급하는 것은 바로, 풍류가 선(仙)의 핵심이라는 사실을 시사한다. 그리고 이어서 "그런데 그 풍류는 실제로는 유 · 불 · 도 삼교를 포함하여 중생을 교화하려는 것이다"라고 결론을 맺는다. 이어서 그는 구체적으로 "공자와 노자 그리고 석가"의 가르침을 소개하기 때문에, 그가 말하는 삼교가 곧 유불도(儒佛道)라는 점에서 의심의 여지가 없다. 따라서 선의 이상인 풍류는 삼교의 이상을 모두 포함한 것과 같다는 의미가 된다. 그렇다면 과연 유 · 불 · 도 삼교를 포함한 종교나 또는 문화전통이 역사적으로 존재했던가? 셋째, 이 질문을 통하여 우리는 이른바 최치원의 유명한 "포함삼교설"의 뒤에 담긴 그의 진짜 의도를 읽을 수 있게 된다. 그의 의도는, 우리민족의 고유한 전통은 유 · 불 · 도 삼교를 모두 포함한 것에 못지않게 크고 신비로운 힘을 가지고 있어서 만백성을 능히 교화할 수 있다는 점을 강조하는 데 있다. 그리고 그 크고 신비로운 교가 바로 현묘지도(玄妙之道)이며, 그 도가 바로 풍류라고 지적하는 것이다. 최치원의 '난랑비서문'은 앞에서 살펴본 바와 같이, 우리는 중국과 관계없이 독립된 우리고유의 문화전통을 가지고 있고, 우리의 전통은 한문을 통하여 들어온 유 · 물 · 선 삼교를 모두 포함한 것에 못지않게 만백성을 교화할 수 힘을 지니고 있다는 확신을 보여주고 있다. 삼국시대에 우리민족이 우리고유의 문화전통을 어떻게 이해하고 있었는가를 잘 보여준다.

위 윤이흠의 견해는 따로 주석을 붙일 필요가 없을 정도로 논리가 정연하고 풍류가 우리 고유의 문화전통이라고 주장하고 있다. 다음은 박기동(1990)의 견해를 보자.

이 정신은 우리 한민족에게서 일찍이 자연적으로 발생했던 것이며, 이와 같은 고대 한국인의 인본사상을 보다 현실적으로 구현할 수 있었던 것은 신라의 화랑도였다고 본다. 이와 같은 고대 한국의 주체성에는 '참'을 사랑하고, '멋'을 좋아하며, '조화'를 발현하는 능력을 지니게 되었다. 이들 참과 멋과 조화성은 어디까지나 생명에 근원한 참이었으며, 생명에 근원한 조화였다. 이와 같은 인간 상을 조성하기 위해서 취해진 화랑도들의 가장 중요한 수양방식은 서로 도의를 닦는 것(相磨以道義), 서로 음악을 즐기는 것(相悅以歌樂), 명산과 대천을 찾아다니며 즐기는 것(遊娛山川無遠不至) 등 이었다.

위 박기동의 견해는 풍류(風流)는 우리 민족에게서 자연 발생한 것이며, '참'을 사랑하고, '멋'을 좋아하며, '조화'를 발현하는 능력이며, 이를 현실적으로 구현한 예가 화랑도였다고 한다. 이에 대한 이면에는 한국의 민족성과 선도(仙道)와 깊은 연관이 있음을 알 수 있는 견해이다. 다음은 박희진(1996)이 숲과 문화에서 정리한 한국 풍류의 정의이다.

1. 天地人 三才의 균형과 조화 그것이 풍류도이다.
2. 풍류도의 근원은 단군성조이고 극치는 화랑도
3. 풍류도를 달리 말하자면 大自然教라 할 수 있다.
4. 풍류도가 낳은 가장 위대한 학자, 시인이자 道人이 최치원이다.
5. 儒佛道 三教도 大自然 품에선 玄妙 하나로 돌아갈 수밖에 없다.
6. 왜 이 강산은 仙의 나라인가? 풍류도가 있기 때문이다.
7. 왜 이 나라에 풍류도가 생겼는가? 江山이 더 없이 오묘하기 때문이다.
8. 이 땅에 태어나서 풍류도를 모르면 무슨 보람이 있겠는가?
9. 풍류도야 말로 公害로 죽어가는 지구촌을 살리는 길이다.
10. 풍류도가 제대로 행해져야 陰陽五行이 제대로 돌아간다.

위의내용을 종합하건대 풍류(風流)란 우리 민족의 시작과 함께한 우리의 생활 자체를 의미한다고 결론지을 수 있다. 풍류(風流)는 하늘에서의 생활이며, 지상에서 하늘을 그리며, 그 생활의 연속이 바로 풍류이다. 다시 말하면 풍류가 한국 선도(仙道)의 다른 이름이라고 할 수 있는 것이다. 한국 선도의 문헌적 특징 중의 하나는 중국과 같은 기록이 없다는 것이다. 이러한 이유에 대하여 많은 의견이 있다. 삼국통일을 하면서 당(唐)이 모든 기록을 수레에 싫고 갔다는 설(說)도 있고, 일제 강점기에 일본이 우리 민족의 정체성을 말살하기 위하여 조작과 변질을 시도하고 자료를 파기했다는 설(說) 등이 있는데, 그 진정한 이유는 우리 민족의 생활 자체가 멋스럽고 참스럽고, 조화로운 풍류(風流)였고, 그것이 바로 한국 선도(仙道)의 참 모습이기 때문이다. 우리 배달민족의 생활과 전통이 곧 풍류이고 선도(仙道)이기 때문에 달리 별도로 학문적으로 연구하여 기록할 필요가 없었던 것이다.

부도지에서 마고성을 나와 지구촌 곳곳으로 흩어지면서

그러나 스스로 수증(修證)하기를 열심히 하여, 미혹함을 깨끗이 씻어, 남김이 없으면, 자연히 복본(復本)할 것이니, 노력하고 노력하시오.」하였다.

여기서의 복본(復本)을 위해서 수증(修證)하기를 열심히 한다는 것은 선도(仙道)의 실천, 즉 선무예(仙武藝)의 수련이며, 다시 말해서 참, 멋, 그리고 조화된 생활을 통하여 한(하늘) 민족의 성품을 잊지 말자고 다짐한 것이다. 이른바 이것이 한국의 풍류도(風流道)이며, 그것은 한(하늘) 민족의 현묘(玄妙)한 도(道)이자, 선도(仙道)이며, 유불도(儒彿道) 삼교(三敎)가 포함되는 크고 넓은 도(道)인 것이다.

종합하여 살피건대 흰옷을 즐겨 입고 한(하늘)을 잊지 않는 것이 풍류(風流)이며, 한국무용의 고운선과 조용하면서도 우아한 멋이 한국의 풍류이며, 심금을 울리는 대금과 너무나도 인간스러움이 베어 나오는 가야금의 산조(散調)가 한국의 풍류(風流)이며, 심장의 고동소리에 공명하듯 열정적인 타악기의 하모니인 사물놀이의 고동소리가 한국의 풍류이며, 세계적인 건강식품인 김치가 한국의 풍류의 맛이며, 국가의 큰일에 누가 뭐라고 말하지 않아도 촛불을 들고 함께 밤을 지새우는 것도 한국의 풍류이며, 그리고 한꺼번에 400만 명이 거리로 쏟아져 나와서 월드컵을 즐기는 것도 한국의 풍류이며, 그리고 멋스러움 속에서도 예(禮)를 잃지 않고, 참에서 벗어나지 않는 것이 우리 한(하늘) 민족의 원래 생활이며, 풍류(風流)이다.

Ⅱ. 선무예의 배경

1. 음양오행론(陰陽五行論)

　음양(陰陽)과 오행(五行)은 동양에서 우주의 생성과 발전, 그리고 소우주(小宇宙)인 인간과 모든 존재를 인식하는 인식론(認識論)이다. 우주와 인간의 생성과 변화 발전, 그리고 우주가 깨어지지 않고 변화 발전하고 인간과 인간을 둘러싸고 있는 모든 환경의 변화 발전과 그 존재의 근원이 음양과 오행이다. 건강하다는 것은 음양과 오행의 운동 변화가 정상적으로 그 대립(對立)을 통하여 균형을 유지하고 있는 증거이다. 힘의 균형(Balance of Power)이 깨어질 때 전쟁이 일어나듯이 음양의 음양과 오행의 질서가 무너지면 그것이 곧 질병의 현상이다. 동양의 인식론에서 음양오행은 자연치유의 원리를 이루는 가장 근본적이고 중요한 원리이다. 선무예(仙武藝)의 모든 움직임과 원리는 모두 상대적 관계론인 음양오행의 원리에 따른다.

1) 음양론(陰陽論)

　음양(陰陽)은 구체적인 물질이기 보다는 우주내의 사물과 현상의 대립(對立)되는 양(兩) 방면에 대한 개념으로 자연계 사물의 성질과 발전 변화의 정형화된 법칙으로 볼 수 있다. 음양(陰陽)은 낮에는 해가 뜨고 밤에는 해가 진다는 가장 단순하고 명확한 자연의 법칙에서 출발한 학문으로 맞다 틀리다는 시비(是非)의 개념이 아니고 상대적(相對的) 존재론(存在論)이다. 서로 다른 성질의 음양이 대립하는 상호작용(相互作用)과 이로 인해 유발된 부단(不斷)한 운동은 우주만물이 생성되고 변화하는 원동력으로 생각되었다. 음양은 서로 대립되는 성질을 대표할 뿐 아니라 동일한 사물의 내부에서도 서로 대립되는 양면을 내포(內包)할 수

있다. 동양의 고전의서인 황제내경의 음양응상대론(陰陽應象大論) 편에

'陰陽者 天地之道也 萬物之綱紀 變化之父母 生殺之本始 神明之府也 治病必求於本'

즉 "음양(陰陽)이란 천지(天地)의 도(道)이고, 삼라만상을 통제하는 강기(綱紀)이다. 변화를 일으키는 주체로서 살리고 죽이는 것이 여기서 나온다. 또한, 신명이 깃들인 집으로서 인간과 삼라만상의 병(病)은 반드시 음양의 조절을 통해서 고칠 것이다." 라고 하였고, 역경(易經)의 십익(十翼)중의 계사전(繫辭傳)에는

'一陰一陽之謂道'

즉, "한번 음(陰)하게 되고, 한번 양(陽)하게 되는 것을 도(道)라 한다." 라고 하였다. 우주에서 삼라만상이 무궁한 변화를 일으키고 있는 것은 음(陰)과 양(陽)이라는 이질적인 두 기운이 지닌 바의 작용으로 인하여 모순과 대립이 나타남으로써 일어나는 현상을 변화, 즉 도(道)라고 한 것이다. 이 우주의 변화 법칙은 궁극으로 보면 음양(陰陽)의 변화이다. 이 우주 안의 모든 변화의 법칙을 가리켜 도(道)라고 하는 것이다. 음양은 우리가 살고 있는 이 광대한 우주 속의 생명법칙이자, 태극(太極)이 변한 후의 첫 단계이며 오행(五行)의 전(前) 단계이기도 하다.

먼저도 말했듯이 음양운동에는 태양(日)과 달(月)이 가장 중요한 역할을 하고 있다. 왜냐하면 지상에서 일어나는 모든 자연 현상과 변화의 이유는 태양과 달이 지구에 비추는 빛에 따라 계절이 나누어지고 밤과 낮이 생기기 때문이다. 이 우주상의 모든 물질과 현상을 선인들은 음양이라는 지극히 평범하면서도 명철한 원리로 설명하고 있다. 음양의 원리로 이 우주의 생성과 모든 현상을 설명하는 주역(周易)을 이간(易簡)이라는 다른 이름으로 부르는 것도 음양의 지극히 평범하고 간단한 원리 때문이다.

인체도 각 장부(臟腑)가 서로 음양의 관계로 분류되며 인체의 생명유지의 기본인 정(精)·기(氣)·신(神)도 음양으로 분류가 된다. 인체 내의 음양이 조화롭게 되는 것이 바른 양생(養生)인 것이다.

(1) 음양(陰陽)과 자연, 인체

자연계의 사물과 현상을 보면 활동적(活動的)인 것과 안정적(安定的)인 것, 무형적(無形

的)인 것과 유형적(有形的)인 것, 상위적인 것과 하위적인 것, 등 상대적인 속성으로 분별할 수 있다. 음양이란 가치(價値)의 기준(基準)은 가운데 중심을 기점(基點)으로 하는 것이 아니고, 상대편을 영(零)으로 기준을 설정하여 가치를 판단하는 상대적 개념이다. 음양의 법칙은 양(陽)은 동(動)을 의미하고 음(陰)은 정(靜)을 의미하며, 적극적(積極的)인 것은 양(陽) 소극적(消極的)인 것은 음(陰), 더운 것은 양(陽) 추운 것은 음(陰)이다. 인체의 앞면은 음이고 뒷면이 양이며, 장부(臟腑)에도 장(臟)은 음이며 부(腑)는 양이다. 기적(氣的)인 면에서는 정(精)은 음, 기(氣)는 양이고 신(神)은 양 기(氣)는 음이다. 호흡에서 흡(吸)은 음, 호(呼)는 양이다. 얼굴에도 속으로 들어간 눈은 음이고 밖으로 튀어나온 코는 양이다. 인간의 모든 질병은 음양의 조화가 깨진 음양실조(陰陽失調)가 원인이다. 따라서 인체가 음양(陰陽)의 평형(平衡)을 유지하고 있으면 항상성(恒常性)이 유지되고 있는 건강한 상태이다.

(2) 음양(陰陽)의 기본성질

① 상호대립(相互對立)

자연계 중의 모든 사물과 현상에서 나타나는 상하(上下), 좌우(左右), 전후(前後), 천지(天地), 명암(明暗), 주야(晝夜), 생사(生死) 등과 같이 서로 대립(對立)되는 두 개의 관계를 상호대립의 관계라 한다. 이 때 대립되는 속성이 상대적이어야 한다. 대체적으로 동적(動的)이고 외향적(外向的)이고 상승적(上昇的)이고 밝고, 위에 있고, 생기(生氣)가 있는 사물이거나 현상은 양(陽)에 속하고, 반대로 안정적(安定的)이고, 정적(靜的)이며, 내향적(內向的)이고, 하강(下降)하며, 한냉(寒冷)하며, 아래 있고, 어둡고 생기(生氣)가 없으면 음(陰)에 속한다.

② 상호의존(相互依存)

음양(陰陽)은 서로 상대되는 대립적인 관계이지만, 둘 중에 하나만 존재할 수는 없는 것이다. 더운 것은 양에 속하고, 추운 것은 음에 속하지만 더운 것이 없으면 추운 것이 있다고 할 수 없는 것이다. 인체의 기능은 양에 속하고 물질은 음에 속하는데 영양물질이 없으면 활동의 기능이 발생할 수 없는 것이다. 이와 같이 서로 상대적이며 대립되는 속성을 갖고 있으나 서로 의존하고 통일되어 있으면서 서로 발생시키고 조장시키는 것이 음양의 상호의존이다.

③ 상호소장(相互消長)

음양은 소멸(消滅)되고 성장(成長)하면서 서로 평형을 이룬다. 봄이 지나 여름이 되고 가을이 오고 겨울이 오듯이 음이 성하면 뒤에 반드시 양이오며, 밤이 지나면 낮이 오듯이 음양은 서로 소멸과 성장하며 우주(宇宙)의 질서(秩序)가 유지(維持)되는 것이다.

④ 상호전화(相互轉化)

음양은 상호작용하여 서로 성질을 바꾼다. 음과 양은 서로 고정불변한 것이 아니고 시간과 장소, 조건에 따라서 달라질 수 있는 것이다. 시간이 지남에 따라 양지가 음지가 되고 또 음지가 양지가 되듯이 음양은 그 속성이 불변하는 것이 아니고 시간과 조건의 변화에 따라 그 성질이 변화되는 것이다.

(3) 음양(陰陽)과 양생(養生)

인간은 소우주(小宇宙)이다. 따라서 자연환경과 밀접한 관계가 있다할 것이다. 그러므로 오장육부(五臟六腑)를 비롯한 인체의 음양생리기능은 자연환경의 영향을 받아서 변화가 발생될 수 있는 것이다. 그런 까닭에 체내의 음양생리기능을 평형케 하려면 자연환경의 변화에 적응하도록 노력하는 것이 올바를 양생이라 할 것이다. 황제내경 소문 상고천진론에 '음양(陰陽)에 화(和)하고 사시(四時)에 조(調)하면 수명을 연장할 수 있다' 하였고 사기조신대론에서는 '사시음양(四時陰陽)은 만물의 근본이며 생장의 관건이 되므로 춘 . 하에 양을 양(養)하고 추 . 동에 음을 양(養)해야 마땅하며 춘, 하, 추, 동 사시음양 ~ 즉 생(生), 장(長), 화(化), 수(收), 장(藏) 음양소장법칙에 적응하는 섭생을 하여야 할 것이다. 만약 근본에 어긋난 생활을 하면 생명의 기초가 깨뜨려지고 진기(眞氣)가 모산 되어 재해가 생기므로 평형 된 생명현상을 유지하기 위해서는 음양의 법칙에 순응해야 한다.

평소 따뜻한 물을 즐겨 마시는 사람이라면 속이 차가운 사람이라고 보아야 할 것이다. 차갑다는 것은 음에 속하는 것이다. 예를 들어 몸에 좋다는 생식(生食)도 속이 냉한 사람이 먹으면 부작용이 생길 수가 있는 것이다. 왜냐하면 차가운 성질의 음식을 속이 차가운 사람이 먹었기 때문에 음이 중첩(重疊)되어 나타나 음양의 조화가 깨어지는 현상이 일어나 신진대사(新陳代謝)가 원활하지 못할 것은 불을 보듯 명확한 것이다. 속이 차가운 사람이 이를 알아 차가운 성질의 음식을 피하고, 따뜻한 음식을 먹어야 음양의 원리에 부합하여 건강을 유지할 것이다. 소주와 같은 술을 마실 때 오이를 갈아 넣어 마시는 경우가 있다. 오이는 그 푸른빛 때문에 간으로 들어가서 작용하고 오이의 차가운 성질은 간의 열을 식혀주는 작용이 있기 때문에 술을 마시면 간에서는 열이 발생하는데 술에 오이를 섞어 마심으로 술에 대한 간의 부작용을 덜어줄 수 있는 것이다.

서양에서 발달한 인체 생리학의 자율신경계에서 교감신경(交感神經)은 확장인 흥분을 주관하므로 양(陽)으로 인식할 수 있고, 수축을 하고 긴장하는 부교감신경(副交感神經)은 음(陰)으로 구분할 수 있다. 사상체질론에서도 내기(內氣)가 양(陽)에서 출발한 태양(太陽)인과 소음(少陰)인을 교감신경 흥분(興奮)형이라 하고, 내기(內氣)가 음(陰)에서 출발한 태음(太陰)인과 소양(少陽)인은 부교감신경 긴장형으로 분류하였다.

자연환경과 사시음양(四時陰陽)에 순응하여 음양의 편성(偏盛)과 편쇠(偏衰)가 일어나지 않도록 하는 것이 올바른 음양에 조화한 자연치유력이 발휘되어 항상성(恒常性)을 유지하는 바른 양생(養生)이라 할 것이다.

2) 오행론(五行論)

오행론(五行論)은 동양에서 자연을 인식하는 우주관과 이를 해석하는 방법론이다. 음양론과 더불어 우주내의 모든 물질과 현상의 존재와 질서의 주체이며 원리이다. 또한 시비(是非)의 개념이 아니고 유기적(有機的)인 존재론(存在論)이다. 자연계의 수많은 사물과 현상에 대해 연역(演繹)할 수 있으며 귀납(歸納)하여 분류할 수 있다.

오행이란 구체적으로 자연계의 모든 사물과 현상을 목(木), 화(火), 토(土), 금(金), 수(水)의 다섯 가지의 성질로 분류하며, 이들의 운동 변화 법칙을 가리킨다. 이들은 서로 다른 특성을 갖고 있으면서 상대를 발생시키고 조장시킬 뿐 아니라 제약(억제)하는 유기적인 관계로 우주의 질서가 유지되는 근거(根據)가 된다.

〈표〉 오행(五行)의 상생(相生) 상극(相剋) 관계표

오행 관계	능동적 상생	능동적 상극	피동적 상생	피동적 상극
목(木)	화(火)	토(土)	수(水)	금(金)
화(火)	토(土)	금(金)	목(木)	수(水)
토(土)	금(金)	수(水)	화(火)	목(木)
금(金)	수(水)	목(木)	토(土)	화(火)
수(水)	목(木)	화(火)	금(金)	토(土)

註 : 능동적 상생 ~ 자기가 상대를 상생함 능동적 상극 ~ 자기가 상대를 상극함
    피동적 상생 ~ 자기를 상대가 상생함 피동적 상극 ~ 자기를 상대가 상극함

서양 우주 구조론의 하나인 4 원소설(元素說)은 단지 물질적인 개념이며, 그들 간의 유기적인 관계와 변화는 설명하지 못하고 있다. 동양은 우주론과 철학 및 의학 등의 모든 분야에서 일관되게 음양오행설을 기초하여 설명되고 근거를 극명(克明)하게 제시하고 있다. 인체(人體)도 소우주로서 우주와 같은 구조와 원리로 설명하며, 오장(五臟)과 육부(六腑) 등, 구조와 생명의 작용도 오행으로 귀류(歸類)시켜 오행의 운동법칙인 상생(相生)과 상극(相剋)의 유기적인 관계로 생명현상을 설명하고 있다.

수련의 법칙과 움직임, 그리고 바른 인간관계를 갖게 하는 인간 본래의 성품을 오상(五常), 즉 인(仁), 의(義), 예(禮), 지(智), 신(信)도 오행(五行)의 틀에 근거한 것이다. 오행(五行)으로 우주만물의 존재와 질서를 다섯 가지로 연역(演繹)되었지만 그들의 개별적인 특성(特性)을 강조하고 궁구(窮究)하는 것이 아니고 오행(五行)의 상호(相互)간의 관계를 중요시한다. 즉 오행은 하나가 다른 하나를 조장(助長)하는 관계가 이어져 고리(環)를 이루는데 이 관계를 상생(相生)의 원리라고 한다.

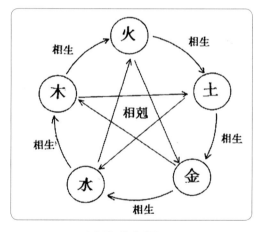

〈 오행 상생상극도 〉

상생(원의 방향) : 木生火, 火生土, 土生金, 金生水, 水生木
상극(별의 방향) : 木剋土, 土剋水, 水剋火, 火剋金, 金剋木

한편 서로 돕기도 하지만 하나는 어느 하나를 적절히 제어(制御)하고 그것은 다른 것을 제어하여 역시 서로 꼬리를 무는 것 같은 고리를 이루게 되는데 이를 상극(相剋)의 원리라고 한다(표1) 참조). 오행의 관계를 표시하는 상생과 상극의 두 개의 고리를 하나로 도식(圖式)화 하면 상생이라는 관계를 표시하는 원(圓) 속에 상극의 관계를 나타내는 별이 그려지게 된다. 이것이 위 그림의 오행의 상생 상극도이다.

나무는 불을 일으키고 불은 흙을 생성하고, 흙은 금을, 금은 물을, 물은 나무를 각각 이롭게 하는 관계가 상생(相生)이다.

나무는 흙을, 흙은 물을, 물은 불을, 불은 금을, 금은 나무를 각각 억제(抑制)하는 관계가 상극(相剋)이다.

오행(五行)의 상생(相生)과 상극(相剋)의 관계가 적절하게 이루어질 때, 우주(宇宙)는 조화(調和)와 질서(秩序)가 유지된다. 그러나 상대를 너무 제압(制壓)하여 상대의 존재(存在) 자체에 영향을 주는 관계를 상승(相乘)의 관계라 하고, 제압(制壓)해야 할 상대에게 역(逆)으로 제압당하는 관계를 상모(相侮)의 관계라고 한다. 자연인 우주(宇宙)와 소우주(小宇宙)인 인체(人體)가 질병(疾病)의 상태가 되는 것은 오행 상호간의 질서가 무너진 상승과 상모의 관계가 그 이유이다. 우리의 생활에서 오행의 원리를 적용한 예는 우리가 이름을 정할 때의 법칙인 돌림자는 오행의 상생(相生)의 법칙에 따른다. 즉 아버지의 돌림자가 목(木)에 해당하는 상(相)이면 그 아들은 목생화(木生火)의 상생(相生)의 원리에 따라 화(火)에 해당하는 환(煥), 열(烈), 희(熙) 등을 돌림자로 쓰게 되는데, 이는 아버지가 아들을 낳고, 키운다는 오행의 상생의 원리가 적용된 예이다. 또, 서울의 4대문이 그 위치한 방향에 따라 오행에 의하여 명칭이 정하여 졌다. 남대문은 오행 상 남쪽 방위인 화(火)에 해당하는 오상(五常)의 예(禮)를 넣어 숭례문(崇禮門), 동대문은 목(木)인 인(仁)을 취하여 숭인문(崇仁門), 서대문은 금(金)인 의(義)를 취하여 돈의문(敦義門), 북문은 수(水)인 지(智)를 취하여 홍지문(弘智門)이라 정하고 오행에서 중앙의 개념인 토(土)에 해당하는 신(信)을 취하여 서울의 중앙에 보신각(普信閣)을 설치하여 4대문의 열고 닫힘을 통제하였다.

<표> 오행(五行)의 귀류(歸類)

오행(五行)	목(木)	화(火)	토(土)	금(金)	수(水)
오방(五方)	동(東)	남(南)	중앙(中央)	서(西)	북(北)
오시(五時)	봄	여름	계절의 사이	가을	겨울
오장(五臟)	간(肝)	심(心)	비(脾)	폐(肺)	신(腎)
오부(五腑)	담(膽)	소장(小腸)	위(胃)	대장(大腸)	방광(膀胱)
오색(五色)	청(靑)	적(赤)	황(黃)	백(白)	흑(黑)
오미(五味)	산(酸)	고(苦)	감(甘)	신(辛)	함(鹹)
오성(五性)	수(收)	견(堅)	완(緩)	산(散)	연(軟)
오체(五體)	근(筋)	혈(血)	육(肉)	피(皮)	골(骨)
오규(五竅)	눈(目)	혀(舌)	입(口)	코(鼻)	귀(耳)
오기(五氣)	풍(風)	열(熱)	습(濕)	조(燥)	한(寒)
오성(五聲)	호(呼)	소(笑)	가(歌)	곡(哭)	신(呻)
오지(五志)	노(怒)	희(喜)	사(思)	비(悲)	공(恐)
오액(五液)	눈물(淚)	땀(汗)	군침(涎) 脾液	콧물(涕)	침(唾) 腎液
오화(五華)	손발톱(爪)	얼굴(面)	입술(脣)	피부(皮)	머리카락(髮)
오화(五化)	생(生)	장(長)	화(化)	수(收)	장(藏)
오맥(五脈)	현(弦)	홍(洪)	완(緩)	색(濇)	침(沈)
오신(五神)	혼(魂)	신(神)	의(意)	백(魄)	지(志)
오상(五常)	인(仁)	예(禮)	신(信)	의(義)	지(智)
오수(五數)	3(三)	2(二)	5(五)	4(四)	1(一)
오취(五臭)	누린내(臊)	탄내(焦)	향(香)	비린내(腥)	썩은내(腐)

(1) 오행(五行)의 성질(性質)

① 목(木)

생명력이 일어나는 모습에 해당하며 수(水)로부터 발생된다. 목(木)은 부드럽고 잘 소통되며 곧추 뻗어나가며 흔들리는 성질이 있으며 상승 발산하는 작용이 있다. 봄은 생명력이 일어나는 목의 성질이다. 동양에서는 봄의 기운을 '새 乙'로 표현하는데 乙은 몸을 비틀며 회전하는 생명력의 꿈틀거림을 나타내는 것이다. 목(木)은 수(水)로부터 발생되고 도움을 받아 화(火)를 발생시키며 도와주는 위치에 있으며, 금(金)의 제약을 받아 목의 성질인 상승 발산하는 것을 적절히 제어를 받아 성장의 때에서 열매를 맺는 결실의 준비를 할 수 있는 것이다. 그리고 토(土)를 억제하여 너무 안정하려는 토를 자극하는 역할을 한다. 한편 인체에서는 간과 담이 서로 표리의 관계, 즉 음양의 관계로 목에 해당하는 장부(臟腑)이다.

② 화(火)

불길이 타오르는 모습에 해당하며 목(木)으로부터 발생한다. 고로 따뜻하고 상염(上炎 ; 불꽃이 위로 치솟는 모양) 이라 하는데 이는 불길이 위로 타오르는 모습을 말하는데, 또한 불은 가까이 할 수 없는 정도로 뜨겁고, 밝으며 강렬하지만 만져 보면 아무것도 잡히지 않는 빈 껍데기인 실속이 없는 것이기도 하다. 인생의 젊은 시절을 화려해도 실속이 없다고 흔히 이야기하는 것은 화(火)의 속성을 잘 나타내는 말이다. 화(火)는 목(木)으로부터 발생하고 도움을 받으며, 토(土)를 발생시키고 도와주며, 불이 한 없이 타올라 모두 타서 없어져 버리는 화의 화려하지만 실속 없는 속성을 수(水)의 적절한 억제를 받아 존재의 가치를 유지해 나가는 것이다. 그리고 금(金)을 억제하여 금의 단단해 지려는 성질을 부드럽게 하는 역할을 한다. 인체에는 심(心)은 혈관을 통하여 영양을 온 몸에 공급하여 온몸을 따뜻하게 하는 생리작용이 있기 때문에 심(心)을 화(火)에 배속시키며 표리의 관계의 장부는 소장(小腸)이다.

③ 토(土)

토(土)는 목화금수(木火金水)의 사이에서 이들을 중재(仲裁)하는 개념에 해당하며 화(火)로부터 발생한다. 토(土)의 특성은 생물체를 자양하고 영양하며, 온화하고 변동이 적은 것이 그 속성이다. 사계의 시간변화를 쫓아 만물을 일구는 농사꾼의 농심과 같은 것이다. 그러므로 토는 자연 속에서 만물의 생성변화를 주관하여 생명의 입김을 불어 넣는 '주재자'의 역할을 한다. 토(土)는 목(木)으로부터 발생하고 도움을 받으며, 금(金)을 발생하고 도와주며, 목(木)의 제약을 받아 꽃만 피워 잎과 줄기가 시드는 경우를 전체의 생명이 건강하게 유지될 수 있도록 하는 것이다. 그리고 수(水)를 억제하여 수의 내려가고 낮아지는 성질을 제어하는 역할을 한다. 비(脾)는 발생 변화의 근원으로 후천(後天 ; 사람이 태어난 다음부터 갖게 되는 특성)의 근본이 되기 때문에 비(脾)를 토(土)에 배속시키며, 표리의 관계의 장부는 위장(胃腸)이다.

④ 금(金)

화(火)를 뒤이어 변화를 일으키고 열매를 맺는 개념에 해당하며 토(土)로부터 발생한다. 금(金)의 특성은 맑고 깨끗하고 차고 굳고 두드리면 소리가 나고 불에 녹는 성질이 있으며 새로이 생긴 질서에 순종하여 가을이 되면 잎이 시들고 열매를 맺는 역할을 담당한다고 하여 종혁(從革)이라고 한다. 수렴(收斂: 아물게 하며 줄어들게 하며 거두어들이는 것)하며, 토(土)로부터 발생하고 도움을 받으며, 수(水)를 발생하고 도와주며, 화(火)의 제약을 받아 너무 단단해지는 성질을 부드럽게 하여 생명의 질서를 유지하는 것이다. 그리고 목(木)을 억제하여 한없이 뻗어나가려는 성질을 억제하여 열매를 맺는 준비의 역할을 할 수 있도록 제어한다. 폐(肺)는 숙강(肅降; 淸肅下降의 준말로 기를 맑게 하고 아래로 내려 보내는 폐의 표리 관계에 있는 대장의 기능을 말한다)을 주재하는 작용이 있기 때문에 폐(肺)를 금(金)에 배속되며 표리의 장부로는 대장(大腸)이 있다.

⑤ 수(水)

만물을 촉촉이 적시며 아래로 내려가는 개념이며 금(金)으로부터 발생된다. 수(水)의 특성은 윤활하게 하고 높은 데로부터 낮은 데로 흐르는 성질이 있으며 만물을 모두 포용하고 감싸 안고 숨어드는 성질이 있다. 수(水)는 금(金)으로부터 발생하며 도움을 받고, 목(木)을 발생시키고, 토(土)의 억제를 받아 한없이 내려가고 숨어드는 성질을 완화시켜 새 생명의 씨앗이 봄에 피어날 수 있도록 한다. 그리고 화(火)를 억제하여 화려하고 실속 없는 화의 성질을 자극하는 역할을 한다. 신(腎)은 수기(水氣)를 주관하며 정기(精氣)를 간직하기 때문에 신(腎)을 수(水)에 배속시키며 표리의 장부는 방광(膀胱)이다.

(2) 오행(五行)의 상호법칙(相互法則)

오행(五行)은 각각의 분명한 특성이 있지만 실제 자연세계에서는 오행이 따로 존재하지 않으며 반드시 다른 구성성분들과 같이 상호관계를 맺고 그 특성을 발휘하게 된다. 이를 오행의 상호법칙이라고 하는데 상생(相生), 상극(相剋), 상승(相乘), 상모(相侮) 등의 관계가 있다. 위에서 언급한 발생시키고 발생되어지는 관계를 상생(相生)의 관계라 하는데 목생화(木生火), 화생토(火生土), 토생금(土生金), 금생수(金生水), 수생목(水生木)을 상생의 관계라 하고, 목극토(木剋土), 토극수(土克水), 수극화(水剋火), 화극금(火克金)의 관계를 오행의 상극의 관계라 하며, 상생과 상극의 관계는 사물의 질서유지를 위한 정상적인 관계를 의미하며, 이러한 질서유지에 반하는 관계가 상승과 상모의 관계로 구체적인 작용은 다음과 같다.

① 상승(相乘)의 관계

승(乘)은 허한 틈을 타서 침습(侵襲)한다는 뜻이다. 정상적인 생리 상태에서 간목(肝木)은 비토(脾土)에 대하여 정상적으로 제약작용을 하지만 만약 간목(肝木)이 태과(太過)하여 지나치게 비토(脾土)를 억제하면 비토(脾土)에 영향을 주어 정상적인 목극토(木剋土)의 작용을 벗어나게 된다. 이와 같이 정상적인 제약을 지나쳐 오히려 나쁜 영향을 끼치는 것을 상승이라 한다.

② 상모(相侮)의 관계

모(侮)는 힘을 믿고 약한 것을 괴롭혀 업신여기고 모욕한다는 뜻이다. 예를 들어 금극목(金剋木)의 관계에서 금기(金氣)가 부족하거나 목기(木氣)가 편항(偏亢)하면 목(木)은 도리어 금(金)을 업신여기는(侮) 경우이다.

(3) 오행(五行)과 양생(養生)

오행의 상생의 관계를 순행하는 원리로도 볼 수 있다. 이는 마치 봄(木), 여름(火), 가을(金), 겨울(水)이 순행하는 이치와도 같다. 그리고 오행의 상극이론은 단순히 억압을 의미하는 것이 아니라 제어를 통해 지나침을 막아서 서로 간의 조화를 도모함을 뜻한다. 이와 같이 상생상극을 통해 천지자연이 서로 조화와 균형을 이루고 원활하게 운행되는 것이다. 이처럼 인간의 모든 섭생도 한쪽으로 치우치지 않고 중도의 길을 걸으며, 사고가 흔들리지 않고, 편식을 하지 않으며 칠정(七情)을 조절하며 사는 것이 오행의 상생, 상극의 법칙에 순응하는 올바른 양생이라 할 것이다.

2. 정기신(精氣神)론

정기신(精氣神)은 기론(氣論)적 인간관에서 보는 동양의학의 생리학이라고 할 수 있다. 이 삼자는 생명의 유기적(有機的)인 구성요소이다. 생명이 있는 한 정기신 삼자는 유기적인 관계를 갖는 생명 현상이며, 생명이 끝나면 이들의 관계도 끝나고 소멸한다. 정기신(精氣神)은 인간의 생명론(生命論)이라고 할 수 있다. 정(精), 기(氣), 신(神)의 삼자(三者)를 고인(古人)들은 삼보(三寶)라고 하였다.

정(精)이란 후천적(後天的)으로 수곡(收穀)의 정미(精微)에서 낳은 물질이며 인체활동의 물질적 기초이다. 기(氣)란 수곡(收穀)의 정기(精氣)와 흡수(吸收)된 대기(大氣)가 합(合)하여 생성(生成)된 물질로서 기체(機體)의 온갖 생리작용(生理作用)을 일으키게 하는 중요한 물질(物質)이다. 신(神)이란 인체의 정상적(正常的)인 모든 생리활동(生理活動)을 총괄(總括)하는 것이다. 이로서 그들 사이에는 매우 밀접한 관계가 있다는 것을 알 수 있다.

1) 정(精)

정(精)에는 두 가지 의미(意味)가 내포(內包)되어있다. 하나는 오장육부(五臟六腑), 즉 인체활동의 정(精)이고, 다른 하나는 생육번식(生育繁殖)하는 생식방면(生殖方面)의 정(精)이다. 「영추(靈樞)의 대감론(大感論)」에…"오장육부(五臟六腑)의 정기(精氣)는 모두 위로 올라 가 눈에 주입(注入)되어 정(精)이 된다."고 했으며, 「소문(素問)의 음양응상대론(陰陽應象大論)」에는……"미(味)는 형(形)을 상(傷)하게 하고 기(氣)는 정(精)을 상(傷)하게 한다."라고 하였다. 이것은 모두다 오장육부(五臟六腑)의 정(精)을 지칭(指稱)한 것이다. 그리고 「소문(素問) 의 상고천진론(上古天眞論)」에는……"남자(男子)는 15~16세가 되어 신기왕성(腎氣旺盛)하면 천계(天癸)가 지(至), 즉 이르러 정기(精氣)가 충일(充溢)한다."고 하였고, 「영추(靈樞)의 본신편(本神篇)」에는……"정(精)이 상(傷)하게 되면 골(骨) 즉 뼈가 아프고 족(足)이 무거워지고 냉(冷)하여 때때로 유정(遺精)한다."고 했다. 이것들은 생식방법(生殖方法)의 정(精)에 대한 설명인 것이다. 그러나 신(腎)이 주(主)가 되는 생식방면(生殖方面)의 정(精)도 또한 오장육부(五臟六腑)의 정(精)으로부터 취(取)하여지며, 신기(腎氣)의 작용(作用)을 거쳐 생성(生成)되는 것이다.

오장육부(五臟六腑)의 정(精)은 인체(人體)의 중요한 영양물질이다. 이것은 비위(脾胃)의 소화흡수(消化吸收) 및 기화작용(氣化作用)에 의하여 수곡(收穀)으로부터 결합생성(結合生成)되어 신(腎)에 저장(貯藏)되었다가 오장육부(五臟六腑)가 급양(給養)을 필요로 할때 신(腎)에 저장(貯藏)하였던 정(精)을 배분(配分)한다. 고로 인체(人體)가 육음(六淫)이나 칠정(七情)으로 인하여 상해(傷害)를 받는다는 것은 결과적으로 정기(精氣)가 손상(損傷)됨을 의미(意味)한다. 때문에

「소문(素問)의 소오과론(疏五過論)」에는 "실정(失精)"이라는 병명(病名)이 있으며, 「소문(素問)의 금궤진언론(金 眞言論)」에도……"정(精)을 장(藏)하면 봄에 온병(溫病)을 잃지 않는다."고 하였다. 이것은 오장육부(五臟六腑)의 정이 생리적(生理的)으로 생명활동(生明活動)을 유지하기 위하여 필요불가결한 영양물질이라는 것을 설명한 것이다. 신(腎)이 지

배하는 생식분야(生殖分也)의 정(精)은 선천적인 기초이다.

「영추(靈樞)의 경맥편(經脈篇)」에……"사람이 생(生)이 시작되자마자 정(精)이 생기고, 정(精)이 생기고 나서 뇌수(腦髓)가 생기고, 골(骨)은 간(幹)이 되고, 맥(脈)은 영(營)이 되며, 근(筋)은 강(剛)이 되고 육(肉)은 장(牆)이 되며, 피부(皮膚)는 견(堅)이 되고 모발(毛髮)은 성장(成長)한다. 곡(穀)은 위(胃)에 들어가며 맥도(脈道)는 통(通)하고 혈기(血氣)가 순행(循行)한다."고 했다. 이것은 사람이 모체내(母體內)에 있어서 생성(生成)하는 단계로서 최초에는 부모(父母)의 정(精)을 이어 받는데 이것이 곧 선천(先天)의 정기(精氣)라는 것을 설명한 것이다. 이것을 기초로 하여 모체(母體)의 기혈(氣血)에서 영양(營養)을 받아 뇌(腦), 체(體), 골격(骨格), 근(筋), 맥(脈), 피(皮), 육(肉), 모(毛), 발(髮) 등이 조직되어 점차 생장해 간다. 모체(母體)에서 출생된 이후는 수곡(收穀)의 정기(精氣)에서 영양(營養)을 공급받아 독립적인 생활을 유지해 나갈수 있게 된다. 동시에 선천의 정기(精氣)도 또한 수곡정기(水穀精氣)의 충양하(充養下)에 있으면서 점차 충성(充盛)해 지면서 인체(人體)의 생장발육(生長發育)을 촉진(促進)하는 작용을 발휘하는 것이다. 「소문(素問)의 상고천진론(上古天眞論)」의 기록에 의하면 일반적으로 남자(男子)는 8세전후가 되면 신기(腎氣)가 왕성(旺盛)하여져서 유치(乳齒)를 갈게 되며, 두발(頭髮)이 자라며, 16세전후가 되면 신기(腎氣)가 더욱 왕성(旺盛)하게 성숙(成熟)되어 천계(天癸)가 시작하면 정(精)의 생산이 개시된다는 것이다. 정(精)은 인류(人類)가 생육번식(生育繁殖)하기 위한 기본물질이다.

정(精)은 남녀(男女)의 성교(性交)에 의하여 임신(姙娠)이라는 과정(過程)을 통해서 종족(種族)을 존속케 한다. 64세전후가 되면 천계(天癸)가 소진(消盡)하는 동시에 정(精) 또 소진(消盡)되어 생육(生育)의 능력(能力)이 없어진다. 천계(天癸)가 소진(消盡)하고 정(精)이 소진(消盡)되는 것은 신기(腎氣)가 쇠퇴(衰退)하기 때문이다.

2) 기(氣)

氣는 자연계와 인류의 생명활동에 있어서 기본물질이자 원동력이다. 현대과학에 의하면 氣는 각종 영양분에서 화생(化生)되는 여러 종류의 물질과 에너지의 종합체로 보고 있다. 氣는 또한 유기체(有機體)의 모든 활동기능을 개괄(槪括)하고 있다. 그래서 氣는 광범위한 물질의 기초를 갖고 있는 것이다. 氣와 精은 동일체의 내부에 존재하고 있는 것으로 파악해서 氣가 있으면 반드시 精이 있기 마련이고 精이 있으면 氣역시 존재한다. 『黃帝內經, 靈樞』에서는 후천지기(後天之氣)를 다음과 같이 설명하고 있다.

진기(眞氣)는 하늘로부터 받으며 곡기(穀氣)와 함께 몸을 충실하게 한다. 이것은 공기 중의 산소와 음식이 인체에 미치는 영향을 보여주는 언급이다. 따라서 건강장수를 위해서는 맑은 공기를 마시고 영양가 있는 음식을 골고루 알맞게 섭취해야 한다. 『黃帝內經』 「四氣調神大論」에 보면 사계절의 氣가 인체의 장부에 영향을 미치고 있음을 잘 나타내고 있다.

봄철의 氣를 거역하면 少陽이 생기를 발생하지 못하니 肝氣가 안에서 鬱結되어 병변을 일으키고 여름철의 氣를 거역하면 太陽이 長氣를 성장시키지 못하니 心氣가 안에서 텅 비어버리며 가을철의 氣를 거역하면 太陰이 收氣를 수렴시키지 못하니 肺氣가 초조하여 가득 차고 겨울철의 氣를 거역하면 少陰이 藏氣를 저장시키지 못하니 腎氣가 홀로 잠복한다.

이것은 사계절의 양생(養生)법을 잘 따라야 기의 흐름이 원활하여 몸에 기이한 질병이 없고 만물도 이에 응하여 사계절의 생명력이 유지되는 것이다. 질병의 발생에 있어 氣가 차지하는 위치는 매우 중요하다. 氣는 인의 질병에 있어서 천지자연에 의한 것과 음식물에 의한 것, 심지어 마음에 의하여 발생한 질병에도 중요한 원인이라 여겨왔다. 다음과 같은 말을 보자.

黃帝가 "가로되 좋다. 내가 모든 병은 氣에서 생긴다고 알고 있다. 怒하면 氣가 역상하고 기뻐하면 氣가 이완되고 슬퍼하면 氣가 소모되고 놀래면 氣가 하향하고 추우면 氣가 수축되고 더우면 氣가 새고 놀라면 氣가 어지러워지고 일을 많이 하면 氣가 소모되고 생각을 많이 하면 氣가 뭉치게 된다. 아홉 가지 氣가 같지 않으니 어떻게 병이 발생하는가?"

이런 것을 통하여 感情의 상태에 따라 氣가 여러 形態로 變化함을 알 수 있다. 즉 마음의 상태가 氣와 연결되어 五臟六腑에까지 영향을 미치어 온갖 疾病의 原因이 된다는 것이다. 다음과 같은 말도 그것을 말해주는 것이다.

精氣가 체내에 잘 간직되어 있으면 邪氣가 침범하지 못한다.

이와 같이 精, 氣, 神은 상호 유기적인 관계를 가지고 있고 精과 氣는 인체 생명활동의 물질적기초가 된다. 사람은 氣를 머금고 태어나고 精이 다하면 죽는 것이다. 따라서 精을 바탕으로 氣의 흐름을 원활히 유지해야만 온갖 질병을 예방할 수 있는 것이다. 이를 위해서는 우주자연의 일부인 인간이 자연의 大氣와 곡기(穀氣)로 몸을 충실히 해야만 한다.

(1) 氣의 종류와 분포

① 원기(元氣)

원기(元氣)는 인체 내에서 가장 기본적인 것이고, 중요한 기이며, 인체 생명활동의 원동력이 된다. 원기는 주로 신(腎)이 저장한 정기가 위주이며 신정(腎精)에 의해 화생(化生)된다.

원기는 삼초(三焦)를 통하여 전신에 분포된다.

② 종기(宗氣)

종기는 흉중에 있는 기로서 종기가 있는 곳을 기해(氣海)라고 한다. 종기는 자연계의 청기(淸氣)와 비위(脾胃)가 운화(運化)한 수곡정기(水穀精氣)가 결합하여 형성된다. 종기는 주로 흉중에 있으면서 폐의 호흡활동과 심의 혈액운행을 촉진하는 역할을 한다.

③ 영기(營氣)

영기는 맥중(脈中)에서 혈과 함께 순행하는 기로서 영양이 풍부하다 하여 이름 한 것이다. 또 혈과의 관계가 깊으므로 영혈(營血) 이라고 하며 위기(衛氣)와 상대적으로 음에 속하므로 영음(營陰)이라고 한다. 영기의 중요한 생리기능은 혈액을 통하여 전신에 영양을 공급하고 화생하는 것이다.

④ 위기(衛氣)

위기는 맥외(脈外)에 흐르는 기이며 영기와 상대적으로 양에 속하므로 위양(衛陽)이라고 한다. 위기의 중요한 생리기능은

첫째, 체표를 보호하여 사기(邪氣)의 침입을 막는다.

둘째, 장부, 근육, 피부 등을 온양(溫養)한다.

셋째, 땀 배설을 조절하여 체온을 유지한다.

(2) 인체 내에서 기(氣)의 생리작용(生理作用)

① 추동작용(推動作用)

기는 활력이 매우 강한 정미(精微)물질로서 인체의 생장, 발육, 장부, 경락 등 조직기관의 생리활동, 혈액의 생성과 운행, 진액의 생성 분포와 배설 등에 대하여 추동작용이 있다. 만약 기가 쇠약하여 기의 추동작용이 감퇴되면 인체의 생장 발육에 영향을 주며 혹은 빨리 쇠퇴되거나 장부의 기능이 감퇴되고, 혈과 진액의 생성부족, 혹은 운행이 지연되어 혈허(血虛), 혈액의 운행 장애와 수액이 머무르는 등 병리변화가 발생한다.

② 온후작용(溫煦作用)

기(氣)는 에너지의 내원(來源)이다. 사람의 체온은 주로 기의 온후작용에 의해 유지되며,

각 장부, 조직기관의 생리활동도 온후작용하에서 진행된다. 특히 혈과 진액 등 액체상태의 물질은 기의 온후작용에 의존해야만 응결(凝結)되지 않고 정상적으로 순행할 수 있다. 만일 기의 온후작용이 감퇴되면 추위하고 더운 것을 즐기며 사지가 싸늘하고 체온이 떨어지며 혈과 진액의 흐름이 늦어지는 등 한상(寒象)이 나타난다. 또 일부 원인에 의해 기가 흩어지지 못하면 열을 발생하여 찬 것을 좋아하고 더운 것을 싫어하며 방열(放熱)하는 등 열상(熱象)이 나타난다.

③ 방어작용(防禦作用)

인체의 방어작용은 매우 복잡하여 기혈, 진액, 장부, 경락 등 조직기관의 각종 종합작용을 포함한다. 그 중에서 기는 매우 중요한 작용을 일으킨다. 기의 방어작용은 주로 전신의 피부를 보호하여 육음(六陰) 등 사기(邪氣)의 침입을 방지하는 것이다. 기의 방어기능이 감퇴되면 질병에 대한 저항력이 떨어지며 쉽게 병에 걸린다.

④ 고섭작용(固攝作用)

기(氣)의 고섭작용이란 주로 기가 혈액, 진액 등 액체상태의 물질이 유실(流失)되는 것을 방지하는 것이다. 구체적으로는 혈액을 통섭하여 혈맥 속에서만 순행하고 맥 외로 넘치지 못하게 하고 한액, 뇨액, 타액, 위액, 정액 등의 분비와 배설량을 통제하여 유실되는 것을 방지한다. 만약 기의 고섭작용이 감퇴되면 체내의 액체상태 물질이 대량으로 유실될 위험이 있다. 예를 들어 혈액을 통섭하지 못하면 각종 출혈이 생기고 진액을 통섭하지 못하면 땀이 저절로 나고 다뇨, 소변실금, 설사 등이 나타나며 정을 통섭하지 못하면 류정(流精), 조설(早泄) 등이 생긴다.

⑤ 기화작용(氣化作用)

기화(氣化)란 기의 운동(運動)을 통하여 생성되는 각종 변화이다. 구체적으로는 정, 기, 혈, 진액 등 각자의 신진대사와 상호 전화이다. 기, 혈, 진액의 생성에서 음식물이 수곡정기로 전화하는 것, 수곡정기가 다시 기, 혈, 진액으로 화생하는 것, 진액이 대사를 거쳐 땀과 오줌으로 변화되는 것, 음식물이 소화 흡수를 거쳐 찌꺼기가 분변으로 되는 과정 등은 모두 기화작용의 구체적 표현이다. 그러므로 기화작용은 실제로 체내의 물질대사 과정이며 물질의 전화와 에너지 전화(轉化)의 과정이다. 기화작용이 멎으면 생명활동도 멎게 된다.

3) 신(神)

　신(神)이란 사유의식(思惟意識)과 일체(一切)의 정상적(正常的)인 생명활동(生命活動)의 상태(狀態)를 표현(表現)하는 가장 높은 차원의 기(氣)라고 할 수 있다. 신(神)의 근원(根源)은 생명(生命)과 같아서 부모쌍방의 정기(精氣)가 교합(交合)으로 이루어지는 것이다. 배태(胚胎)가 형성(形成)되면 생명(生命)의 신(神)도 동시에 육성(育成)된다. 그래서 「영추(靈樞)의 본신편(本神篇)」에…… "생(生)의 내원(來源)을 정(精)이라 하고 양정(兩精)이 상합(相合)한 것을 신(神)이라고 한다."고 하였다. 출생 후부터는 음식물의 섭취(攝取)에 의하여 신(神)도 계속 자양(滋養)을 받아 사용하여도 소진(消盡), 즉 없어지지 않는 상태를 항상 보존할 수가 있는 것이다. 그래서 「영추(靈樞)의 평인절곡편(平人絶穀篇)」에…… "신(神)은 수곡(收穀)의 정기(精氣)이다."라고 하였으며, 「소문(素問)의 육절장상론(六節藏象論)」에도 "오미(五味)는 입으로 들어가 위장(胃腸)에 저장(貯藏)된다. 미(味)가 저장(貯藏)되면 오기(五氣)를 자양(滋養)하며, 기(氣)는 화(化)하여 생김으로서 진액(津液)이 되며, 신(神)은 거기서 자연히 발생(發生)한다."고 하였다.

　이상의 내용을 종합하여 보면 신(神)은 아무런 근거도 없이 발생하는 것이 아니라 일정한 물질적인 기초 위에서 생성되는 존재임을 알 수 있다.

　또한 신(神)은 인체(人體)에서 오장육부(五臟六腑)와의 관계가 가장 밀접하다.

　「소문(素問)의 선명오기론(宣明五氣論)」에…… "심(心)은 신(神)을 장(藏)하고 폐(肺)는 백(魄)을 장(藏)하며, 간(肝)은 혼(魂)을 장(藏)하고, 비(脾)는 의(意)를 장(藏)하며, 신(腎)은 지(志)를 장(藏)한다."고 하였다. 신(神), 백(魄), 혼(魂), 의(意), 지(志)는 명칭(名稱)은 서로 다르나 사실상 모두 신(神)의 부류(部類)에 속한다. 그런데 심(心)은 모든 장부(臟腑)를 통솔(統率)하는 기능이 있다. 고로 심(心)의 신(神)은 다른 사장(四臟)의 백(魄), 혼(魂), 의(意), 지(志)를 총괄(總括)대표(代表)한다. 「영추(靈樞)의 본신편(本神篇)」에…… "양정(兩精)이 상합(相合)하여 이것을 신(神)이라 하고 신(神)을 따라서 왕래(往來)하는 것을 혼(魂)이라 하면, 정(精)과 함께 출입(出入)하는 것을 백(魄)이라 한다. 고로 사물(事物)에 맡기는 것은 심(心)이며, 심(心)에서 사유(思惟)하는 것을 의(意)라 하며, 의(意)가 존재(存在)하는 것을 지(志)라고 한다."라고 하였는데 이런 일절(一節)의 경문(經文)을 통(通)하여서도 신(神)과 오장육부(五臟六腑)의 관계를 알 수 있다.

　인체(人體)에 있어서 신(神)의 작용에 대해서는 두 가지 면에서 설명할 수가 있다. 옛날 사람들은 신(神)과 형체(形體)는 일각(一刻)이라도 분리 할 수 없다고 했다. 즉 사람이 생명(生

命)이 있는 한 신(神)이 존재(存在)하고 있다는 것이다.

「영추(靈樞)의 천년편(天年篇)」에……"백세(百歲)가 되면 오장(五臟)은 모두 허(虛)해지며 신기(神氣)는 모두 떠나 형해(形骸)만이 잔존(殘存)하고 생명(生命)은 끝난다."고 했으며, 또한 「소문(素問)의 이정변기론(移精變氣論)」에도……"신(神)을 얻는 자는 번성(繁盛)하고, 신(神)을 잃는 자는 멸망(滅亡)한다."라고 하였다. 따라서 형(形)과 신(神)은 일체(一體)이며 이것이 곧 생명(生命)의 중요한 현상이다. 그러므로 인간(人間)이 눈으로 보고, 귀로 듣고, 입으로 말하며, 지체(肢體)로 운동할 수 있는 등 모든 사유의식(思惟意識)과 지체활동(肢體活動)은 모두 신(神)이 인체(人體)에 있으면서 나타나는 작용(作用)의 표현형태(表現形態)라 볼 수 있다. 건강한 사람은 반드시 충성활발(充盛活發)한 신기(神氣)가 나타나고 병(病)에 이환(罹患) 되었을 때는 신기(神氣)는 해(害)를 받기 때문에 이상현상(異常現象)이 나타난다. 눈의 광채(光彩)가 없고 정신(情神)이 피폐(疲弊)하며, 심한 경우에는 실어증(失語症)에 빠지고, 환각증(幻覺症)이 나타나고 때로는 혼미번조(昏迷煩躁), 인사불성(人事不省)이 되 며, 혹은 의복(衣服)을 걸치지 않으려 들고 침상(寢牀)에 안와(安臥)하지 못하며 허공(虛空)을 향하여 손을 내젓기도 하는 정신이상(精神異常)이 된다.

병상(病狀)이 이렇게 되면 이미 매우 위험하다. 때문에 환자(患者)의 신기(神氣)를 관찰해서 병세(病勢)의 경중안부(輕重安否)를 판단(判斷)할 수가 있다.

4) 신(神)과 정(精)과 기(氣)의 관계(關係)

정(精), 기(氣), 신(神)의 삼자(三者)를 고인(古人)들은 삼보(三寶)라고 하였다. 정(精)이란 후천적(後天的)으로 수곡(收穀)의 정미(精微)에서 낳은 물질이며 인체활동의 물질적 기초이다.

기(氣)란 수곡(收穀)의 정기(精氣)와 흡수(吸收)된 대기(大氣)가 합(合)하여 생성(生成)된 물질로서 기체(機體)의 온갖 생리작용(生理作用)을 일으키게 하는 중요한 물질(物質)이다. 신(神)이란 인체의 정상적(正常的)인 모든 생리활동(生理活動)을 총괄(總括)하는 것이다. 이로서 그들 사이에는 매우 밀접한 관계가 있다는 것을 알 수 있다. 즉 기(氣)는 정(精)에서 생산되고, 정(精) 또한 기(氣)에 의하여 생성(生成)된다. 또 정(精)과 기(氣)가 공동(共同)으로 작용함으로써 신(神)이 나타난다. 따라서 정기(精氣)가 넘쳐 있는 사람은 신(神)도 또한 반응이 왕성(旺盛)하다. 반대로 신(神)이 왕성(旺盛)하지 못하면 정기(精氣)가 부족(不足)하기 때문이다. 이들 사이에는 이와 같이 상호관계(相互關係)가 있기 때문에, 정(精)을 지나치게 손모(損耗)하면 기(氣)의 생산(生産)이 약(弱)해지고, 기(氣)를 과도(過度)하게 손모(損耗)하면 정(精)의 발생(發生)이 저하(低下)되고, 시에 신(神)도 부족(不足)한 현상(現象)이 나타나게 된다. 따라서 신(神)은 정(精)과 기(氣)에서 생산(生産)된다고 하더라도 과도(過度)한 정신활동(精神活動)으로 신(神)을 손상(損傷)해 버리면 도리어 정(精)과 기(氣)에 영향을 주며 그로인(因)하여 형체(形體)가 쇠약(衰弱)해 진다.

「영추(靈樞)의 본신편(本神篇)」에……"지나치게 무서워하든가, 초조해하든가 하면 신(神)이 손상(損傷)을 받게 되며, 신(神)이 손상(損傷)을 받으면 공포자실(恐怖自失)하여 기육(肌肉)이 쇠약(衰弱)해진다."라 하였고, 또 「장씨류경(張氏類經)」에……"신(神)은 정기(精氣)에 의하여 생(生)하지만 모든 정기(精氣)를 섭취지배(攝取支配)하여 이를 운용(運用)하는 것은 심(心)의 신(神)에 있다."고 한 것은 신(神), 정(精), 기(氣)의 삼자(三者)의 상관성(相關性)을 설명하는 것이다.

(1) 정(精)과 신(神)

황제내경 『黃帝內經』의 精과 神의 관계에 대한 인식을 다음과 같이 정리해 볼 수 있다.

첫째, 『黃帝內經』은 精을 인체 생성의 근원으로 보아 精에서 생명이 비롯   된다고 인식하였다.

둘째, 『黃帝內經』은 精에는 항상 神이 깃들어 있으며 이 神은 精이 인   체를 생성하는 것을 통제하고 조정한다고 보았다.

셋째, 『黃帝內經』은 精과 神의 사이에는 陰이 陽을 生하고 陽이 陰을   生하는 것처럼, 精은 神을 生하고 神도 精을 生하는 호생(互生),   호용(互用)의 관계가 있다고 보았다.

(2) 신(神)과 기(氣)

『黃帝內經』의 神과 氣의 관계는 그 특징을 다음과 같이 구분하여 볼 수 있다.

첫째, 『黃帝內經』에서는 神이 氣를 매개로 하여 외부로 발현된다고 보았으며, 이때의 神을 신기(神氣)라 한다. 또 『靈樞』「小鍼解」에서는 신기(神氣)는 정기(精氣)다고 하였고, 『靈樞平人絶穀』에서는 신기(神氣)는 수곡(收穀)의 정기에서 화생(化生)된다고 하였다. 『素問』「八正神明論」에서는 혈기는 인체의 神이니 세심하게 양육(養育)해야 한다고 하였다. 여기서의 神또한 모두 신기(神氣)를 지칭하는 것으로 神이 氣의 자양(滋養)을 받음을 의미하는 것이거나 神의 활동상을 의미하는 것이다. 이런 관점에서 『內經』에서는 神의 생리(生理), 병리적(病理的)표현이 반드시 氣를 통해서 발현한다고 보았다. 즉 정신(精神)의 상태는 안색(顔色)이나, 눈빛 또는 맥상 등을 통해 알 수 있다고 했는데 이는 모두 神이 정기(正氣), 혈기(血氣), 맥기(脈氣)등과 밀접한 연관을 맺고 있기 때문이라는 것이다.

둘째, 神은 氣의 작용을 조정하고 주재한다. 氣는 하나의 에너지라고 할 수 있는데 유형(有形)이든 무형(無形)이든 유생(有生)이든 무생(無生)이든 간에 모든 만물은 각각 고유한 형태의 氣를 내포하고 있다. 따라서 모든 사물은 이 氣의 작용을 통해 생성, 발전, 소멸하는데 이러한 氣의 작용을 조정하고 주재하는 것이 바로 神이다. 예컨대 『素問』「六節藏象論」에서 기(氣)가 합하여 형체를 가지게 되었고 변함으로 인하여 명칭이 확정되었다고 하여 氣가 물질생성의 근원으로 끊임없이 운동 변화한다고 하였고 『素問』「六微旨大論」에서는 기운의 승강(昇降)은 천지가 번갈아 작용한다고 하여 자연계의 일체사물의 변화가 모두 천기(天氣)와 지기(地氣)의 승강(昇降)에 의한 것이라고 했다. 그런데 『素問』「脈要精微論」에서 천지(天地)의 변화는 음양(陰陽)에 응한다고 하여 천지자연의 모든 변화가 바로 음양운동 자체라고 보았으며, 『素問陰陽應象大論』에서는 음양(陰陽)은 천지자연의 변화하는 법칙이니 만물의 원칙이면서 변화의 근원이고 생살의 근본이 시작하면서오묘한 변화의 근원이 나타나는 곳이라 하여 자연계 만물의 변화가 모두 음양(陰陽)운동에 의한 것인데, 그 음양운동의 근원이 바로 신명이라고 했다. 또 『素問天元紀大論』에서는 神은 하늘에서 풍(風)으로 변할 때 땅에서는 목(木)으로 화(化)하고 하늘에서 열(熱)로 변할 때 땅에서는 화(火)로 화(化)하며 하늘에서 습(濕)으로 변할 때 땅에서는 토(土)로 화(化)하고 하늘에서 조(燥)로 변할 때 땅에서는 금(金)으로 화(化)하며 하늘에서 한(寒)으로 변할 때 땅에서는 수(水)로 화(化)한다. 그러므로 하늘에서 氣로 변할 때 땅에서는 형(形)을 생성하니 형(形)과 기(氣)가 서로 감응(感應)하여 만물을 화생(化生)한다고 하여 천(天)의 기(氣)와 지(地)의 형(形)이 서로 감응(感應)하여 만물을 화생(化生)하는데 神이 그것을 주재한다고 했다. 결국 천지자연의 운동 변화는 모두 氣의 승강(昇降)출입으로 인한 것이며 이러한 기의 승강(昇降)출입을 바로 神이 주재한다는 것이다. 『內經』에서는 천지자연의 변화뿐만 아니라, 인간의 생명활동 또 한 기의 승강(昇降)출입에 의한 것이며, 이 역시 음양(陰陽)을 벗어나지 못하므로 결국 인체 내의 기(氣)의 승강(昇降)출입도 정신(精神)의 통제를 받는다고 보았다. 그래서 내경(內經)에서는 인간을 신시지물(神氣之物)이라고 하였다.

셋째, 神과 氣는 끊임없이 상호 작용한다. 즉 神과 氣는 기르기도 하지만 해치기도 하며,

神도 氣의 운행을 조화롭게 하는 것이 기본이지만 반대로 기의 흐름을 어지럽히기도 한다. 에서 마음을 편안히 하고 비워 진기를 배양한다고 하여 정신이 안정되면 자연히 인체의 정기도 튼튼해지지만 마음이 어지러우면 인체의 기도 따라서 어지러워짐을 말하고 있다. 이처럼 신(神)과 기(氣)는 서로 밀접한 연관을 맺고 있으면서 한쪽의 이상이 곧바로 다른 쪽의 이상으로 나타나게 된다. 『黃帝內經』에서의 神은 氣를 매개로 발현되며 동시에 氣의 작용을 조절하고 통제한다고 나타내고 있다.

3. 경락론(經絡論)

경락(經絡)은 동양의 의학과 기공에서 인체를 통일된 하나의 유기체(有機體)로서 설명하는 요체이다. 경(經)은 머리에서 발까지 인체의 종적(縱的)인 흐름을 의미하고 락(洛)은 횡적(橫的)으로의 흐름을 의미한다. 경락(經絡)은 인체 내의 전신의 기혈을 운행하고 장부와 사지, 관절을 연락하고 상하 내외를 연계시키는 통로이다.

이 경락(經絡)의 체내에서의 주요 연결기능은

첫째, 체내의 각 장부 사이의 기능적인 연관관계

둘째, 체내의 각 장부와 체표와의 연결 관계

셋째, 좌우, 상하의 기능적인 연결 관계 이다.

경락(經絡)은 인체의 생명을 유지시켜주는 영양의 공급과 대사(代謝)찌꺼기의 회수, 외사(外邪)의 방어 등에 필요한 기혈 등의 운행통로가 되므로 인체의 각 경락의 유통이 원활히 이루어 져야 양생(養生)을 할 수 있는 것이다.

1) 경락의 기능

(1) 생리적기능

① 기혈운행, 주신영양(周身榮養), 항어병사(抗禦病邪), 보위기체 (保衛機體)의 기능

출생이후에 섭취된 음식물이 비위(脾胃)의 소화흡수작용을 거치며, 그 중 정미(精微)로운 것은 위기(衛氣), 영혈(營血)로 변화하게 된다. 태생기에 형성된 경락에 영혈은 맥 중으로 들어가고, 위기는 맥 외로 순행하여 혈기운행의 작용을 시작하게 된다. 이것으로 전신에 영양을 공급하고 병사를 방어함으로서 보위기체의 기능을 가지게 된다.

② 인체의 내외, 표리, 상하를 구통(溝通)하며 일개(一個) 통일정 체적 작용

12경맥을 주체로 12경별, 기경팔맥, 전신경락을 배합하여 일개 순환적 정체를 조성하여 내로는 오장육부에 연락을 갖고, 외로는 사지백해, 경근(經筋), 피부, 사지와 구간(軀幹)이 긴밀한 연계로서 인체활동과 통일의 유기체를 구성하고 있다.

③ 경락과 자연환경의 상관관계

인간이 대자연에서 생활하면서 자연환경의 변화, 즉 인체와 자연계와의 기후, 시간 등과 서로 유관하며, 특히 경락의 흐름과 시간과는 서로 일정한 관계가 있음을 설명하고 있다.

(2) 병리적 기능

경락은 병사(病邪)를 안으로 전파하고, 인체내부의 병변(病變)을 외부로 반영하는 통로가 된다. 따라서 질병의 발생과 전변(轉變)에 간여한다. 내외의 원인에 의하여 경락에 이상이 생기면, 경락은 기혈을 운행하고, 영양을 전신에 공급하며, 외사(外邪)에 대항하는 등의 기능을 적절히 발휘하지 못하므로 병리작용이 발생하여 내장, 오관, 사지, 근골 등에 병변이 발생하게 된다. 이를 정리하면 다음과 같다.

① 경락과 내장과의 병리관계

외사의 침입에 의하여 발생되는 내장의 병변은 경락을 통하여 전도된다.

② 경락과 오관(五官)의 병리관계

오관과 내장의 관계는 경락이 통과하므로 연계적 발생이 일어난다. 즉 경락에 병이 있으면 그 소속 경락이 주(主)하는 기관(器官)에 병태(病態)가 발생하게 된다.

③ 경락과 사지근골의 병리관계

사지절(四肢節), 골(骨), 피(皮), 육(肉), 혈(血)은 다 반드시 경기(經氣)를 받아서 영양(營養)하므로 경락이 수병(受病)하면 그 소속 경락이 통과하는 사지절, 골, 피, 육, 혈에 반드시 필연적으로 병태(病態)가 출현한다.

2) 경락의 작용

(1) 생리적 작용

경락은 기혈을 운행하고, 신체를 자양(滋養)하는데 이것은 체표(體表)는 위기(衛氣)에 의해서, 체내(體內)는 영혈(營血)에 의해서 기혈운행이 이루어짐으로서 수족이 따뜻해지고 전신에 영양이 공급되는 것을 의미한다.

(2) 병리적 작용

경락은 인체의 이상을 반영하는 작용을 의미한다. 즉 臟腑의 정상기능이 손상되어 질병이 발생한 경우, 경락이 연계된 체표의 유관 부위에서 질병적 소견(所見)이 나타나는 현상으로 설명된다.

(3) 치료적 작용

경락은 침습병사에 대하여 침구자극 등을 전도하는 작용을 가짐으로서 침구자극에 대한 치료효과를 거둘 수 있다.

3) 12 경맥(經脈)

각 장부는 하나의 경맥(經脈)에 연계되며 몸의 좌우로 나뉘어 머리와 얼굴 및 몸통과 팔다리를 도는데, 전신상하를 세로(縱)로 뚫는 경락 계통의 주체이다. 경락의 명칭은 간, 심, 비, 폐, 신 등의 오행적 개념과 궐음, 소음, 태음 등의 육기(六氣)적 요소가 결합된 것이다. 한 가지 예로 족궐음간경을 보면 족은 발이라는 경락의 위치를, 궐음은 육기(六氣)적의미를, 간은 오행적 해당 장부를 나타내고 있다. 오행, 즉 오운(五運)의 기본 개념이 계절이라면, 육기는 같은 여름철이라도 맑은 날이나 비오는 날, 아주 더운 날이나, 덜 더운 날, 이런 내용에 비유된다. 오운이 물질에 가깝다면 육기는 에너지에 가깝다. 오행이 오장육부라는 물질적인 존재의 껍데기라면, 육기는 그 속에 담기는 내용물이란 뜻이다. 그러나 작금에는 오행, 즉 오운만을 강조하고 육기의 개념을 경시하여 경락의 개념이 원래 경락의 이론에 벗어난 것이어서 육기의 개념의 복원이 필요한 실정이다.

12경락은 수태음폐경에서 시작하여 전신을 유주하여 족궐음간경에서 끝나고 여기서 다시 수태음폐경으로 다시 유주한다. 장부 중에서 장(臟)은 음경(陰經)에 속하고 몸통에서 팔 안쪽으로 흐르는 수삼음경이 있고 몸통에서 다리 안쪽으로 흐르는 족삼음경이 있다. 부(腑)는 양경(陽經)에 속하고 팔의 바깥쪽에서 머리로 흐르는 수삼양경이 있으며, 다리 바깥쪽에서 몸통으로 흐르는 족삼양경이 있다. 삼양의 명칭은 태양, 양명, 소양이며 수태양소장경, 수양명대장경, 수소양삼초경이 수삼양경이고, 족태양방광경, 족양명위경, 족소양담경이 족삼양경이다. 삼음의 명칭은 태음, 소음, 궐음이고, 수태음폐경, 수소음심경, 수궐음심포경이 수삼음경이고, 족태음비경, 족소음신경, 족궐음간경이 족삼음경이다.

4) 기경팔맥(奇經八脈)

기경팔맥(奇經八脈)은 12경맥이외의 별도를 기행(奇行)하는 경맥으로서 그 작용은 12경맥의 부족을 보충하는 것이고 다른 방면으로 12경맥의 기혈성허(氣血盈虛)에 협조하여 기체조절의 평형을 유지한다.

기경팔맥의 위치와 기능을 살펴보면, 독맥(督脈)은 포중(胞中 ; 아랫배를 의미함)에서 시작하여 등 한가운데를 지나며, 양경을 총감독하는 양맥의 바다이다. 임맥(任脈)은 포중에서 시작하여 흉복부를 지나며, 음경을 총괄하므로 음맥의 바다라 한다. 충맥(衝脈)은 포중에서 일어나 위로 머리에 이르고, 아래로 발에 다다라 족소음과 나란히 가며, 12경의 기혈을 조절하므로 12경의 바다라 한다. 대맥(帶脈)은 계륵(季肋)에서 시작하여 허리를 한 바퀴 도는 것이 허리띠와 같으며 음양의 모든 경이 이에 속한다. 교맥(蹻脈)은 음양의 2개의 맥이 있으며, 각각 발뒤꿈치의 안팎에서 시작하여 복숭아뼈 가장자리를 지나 각각 다리 안팎으로 올라가 몸통을 지나 눈 안쪽 모서리에 이르며, 음교와 양교는 몸의 양측의 음양을 주관하고 눈을 적셔주며, 열리고 닫힘을 다스리고 다리 운동과 함께 잠자는 것을 주관한다. 유맥(維脈)은 음양 각 2개의 맥이 있으며, 각각 다리에서 시작하여 머리에 이르러 음유맥은 임맥과 서로 합쳐 모든 음경에 연계되며, 양유맥은 뒷목에서 독맥과 회합하여 모든 양경과 연계된다.

5) 경락(經絡)의 종류

경락은 크게 12정경(正經)과 기경팔맥(奇經八脈) 두 가지로 나누어진다.

첫째, 12정경은 우리 몸의 근원적인 생명활동의 길이라고 할 수 있다. 12개의 장부(臟腑)와 연결되어 전신을 유주(流周)하는 생명의 체계이다. 기경팔맥(奇經八脈)은 12정경을 보완하고 통솔하는 기능을 담당한다. 예를 들어 음양론에 의해 분류되는 양경(陽經)은 기경팔맥

중에서 독맥(督脈)이 통솔하고, 음경(陰經)은 임맥(任脈)이 통솔한다. 이와 같이 정경과 기경 팔맥은 상호 보완적인 인체의 시스템이다.

6) 12 경락과 그 특징

① 경락은 인체를 유기적인 통일체로 인식하는 체계이다.
② 경락은 인체 내의 생명활동의 근원적인 일을 담당하는 12개의 장부(臟腑)와 연결되어 연결된 장부의 기능이 원활하도록 하며 이웃 장부와 연락을 담당한다.
③ 경락은 폐경에서 시작하여 간경(肝經)까지 그리고 다시 폐경으로 결되어 생명이 있는 동안 쉬지 않고 서로 활동한다.
④ 6장(臟)의 경락과 6부(腑)의 경락은 표리(表裏)의 관계를 가지며, 6장(臟)의 경락은 음경(陰經)이며, 6부(腑)의 경락은 양경(陽經)이다.
⑤ 음경은 다리에서 가슴으로 가슴에서 손끝으로 흐르며, 양경은 손끝에서 머리로, 머리에서 발끝으로 흐른다. 손을 위로 뻗어 올려서 있을 경우 음경은 아래서 위로, 양경은 위에서 아래로 흐른다.
⑥ 각 경락은 6기(氣)로 분화된 음양의 특성을 가지며, 3개의 조(組)를 구성하는데 1개 조는 4개의 경락으로 구성되며, 두 음경 사이에 두 양경이 위치하는 형태이다. 그 내용은 다음 표와 같다.

〈표〉 12경락의 3개조 분류표

구 분	調의 구성
태음 양명 租	手太陰肺經 → 手陽明大腸經 → 足陽明胃經 → 足太陰脾經
소음 태양 租	手少陰心經 → 手太陽小腸經 → 足太陽膀胱經 → 足少陰腎經
궐음 소양 租	手厥陰心包經→手少陽三焦經 → 足少陽膽經 → 足厥陰肝經

⑦ 경락 흐름의 순서는 육기(六氣)의 큰 음양에서 작은 음양의 순서 로 흐른다. 즉 경락이 처음 시작하는 태음 양명 조는 각각 가장 기운이 강한 음양이며, 다음조인 소음, 태양의 조는 중간 세기의 음양이며, 궐음, 소양의 조는 가장 약한 음양이다. 이어서 가장 센 태음, 양명의 조로 연결되어 계속 전신을 유주(流周)한다. 이 흐름의 순서는 오행의

상생(相生) 순서와 맞지 않는데, 그 이유는 오행은 우주(宇宙)의 기(氣)이고, 인간이 살고 있는 지구의 기 는 지구 자전축의 기울기로 인하여 음양의 균형이 맞지 않는 육 기(六氣)로 변화되었는데, 장부(臟腑)경락의 흐름은 육기의 음양 세기에 따른다. 이러한 이유에서 영원함의 상징인 우주와는 달리 지구상의 모든 생물체는 수명을 갖게 되는 근거로 본다.

⑧ 경락의 명칭은 경락 흐름의 시작 또는 끝이 나는 손발(手足)과 그 경락이 소속하는 육기(六氣)와 해당 장부(臟腑)의 명칭을 이어서 정했다. 그래서 경락의 명칭을 보면 그 경락에 대한 모든 것을 알 수 있도록 되어 있다. 첫 시작의 경락인 '手太陰肺經'은 폐경이 엄지손가락의 소상(少商) 혈에서 끝나기 때문에 '手'이고 다음은 폐경은 가장 강한 음(陰)인 태음(太陰)의 경혈이며, 그 장부(臟腑)의 이름이 폐(肺)이기 때문에 '수태음폐경'으로 부른다.

Ⅲ. 수련론(修煉論)

1. 수련(修煉)의 의미

1) 닦음(修)의 의미

서양에서 몸을 단련하고 기능을 향상시키는 용어인 training은 훈련, 연습, 단련을 뜻한다. 또 다른 말인 exercises도 연습, 실습, 운동을 뜻하는데 이는 되풀이하여 반복함으로 구조와 기능을 향상시키는 것을 의미하고, 배움을 익히는 뜻과 함께 기술의 숙달과 기능의 향상이 전제된, 물리력의 향상을 의미한다. 동양에서는 훈련이나 연습이라는 용어와는 달리 수련이라는 용어를 사용하는데, 이는 서양의 훈련이나 연습을 통하여 물리력을 향상시키는 것과는 근본적으로 다르다. 동서양의 수련이나 훈련을 동양의 기론(氣論)적인 입장에서 보면, 서양의 훈련이나 연습은 근육을 강화하고 더 멀리, 더 빨리, 더 높이, 더 많이 하기위한 후천(後天)의 기(氣)를 강화하는 것이고, 동양의 수련은 선천(先天)으로의 돌아감, 다시 말해서 원래의 완벽함의 회복을 의미한다. 동양에서 선천(先天)의 기(氣)는 완벽함을 의미하는데, 후천(後天)의 삶을 통하여 바로 살지 못하고 욕심(慾心) 등의 칠정(七情)이 관여하여 원래의 완벽함이 어긋남과 쏠림의 현상으로 인하여 약해지고, 병들고 하는 고통을 겪는 것이다. 이러한 것을 바로하기 위한 것이 수련인데, 수련의 '修'는 닦는다는 뜻과 잘 가다듬고 고친다는 의미이다. 동양 수련의 의미는 현재, 즉 후천(後天)의 것을 강화하는 것이 아니고 원래의 완벽하고 강함을 회복하기 위하여 더러워지고, 어긋나고, 쏠린 것을 닦아내고 바로 하는 것이다. 그래서 북송(北宋)의 장백단은 오진편(悟眞篇)에서 선도수련의 완성을 환단(還丹)이라고 하였다. 즉 원래로의 되돌아감을 의미하는 것이다.

참된 수련은 자기정화 작업이므로 빼기(-)여서 하면 할수록 욕망도 아집도 줄어들어 점점 더 할 일이 없어진다. 줄어들고 또 줄어들어 마침내는 아무런 할 일도 없고 무엇을 하고 싶은 마음도 없어서 텅 비고 고요한 의식상태가 된다. 다시 말하면 수련이란 에고(Ego)의 껍질이 점점 얇아져 마침내 그 경계마저 사라져 버리는 과정이다. 그러므로 아무리 오랜 세월 수련을 하였다 하더라도 버리는 공부가 아닌 쌓는 공부를 해왔다면 그것은 수련이 아니다. 아집이 꺾이고 가치관이 무너지며 자아의 존재 기반마저 흔들리는 그런 덜어지는 과정이 없다면 수련이라고 할 수 없다. 진정한 수련은 이렇게 무너지는 과정이다.

수련은 빨래하기와 같다. 때 묻은 하얀 천을 깨끗한 물로 빠는 것이다. 때가 많이 묻어 있는 천일수록 구정물이 많이 나오는 법이다. 구정물이 보기 흉해도 그것은 내 안에서 나오는 것이다. 시켜면 구정물이 빠져나오지 않는다면 그것은 수행이 아니다. 구정물은 쏠림이고 틀어짐이며 욕심이며, 마음의 상처이다. 빨래를 하면 할수록 구정물이 줄어들어 마침내 더 이상 구정물이 나오지 않는다. 구정물이 다 나오면 맑은 물이 나오게 된다. 수련의 완성, 즉 연신환허(煉神還虛)의 경지에 이른 것이며, 원래로 돌아간 것이다.

2) 수련(修煉)

동양의 수련의 대상은 원래 완전한 신체활동의 에너지인 선천(先天)의 기(氣) 회복하는데 있다. 선도의 수련은 '修煉'을 의미하는데 煉은 불에 달구어 단련한다는 뜻이다. 기(氣)는 몸, 즉 정(精)에 대하여 양(陽)적이며, 에너지를 의미하기 때문에 인체 내의 기를 단련하는 것을 수련(修煉)이라 하고, 다른 말로 연단(煉丹)이라고 한다. 후한(後漢)의 위백양은 그의 선도수련서인 참동계(參同 契)에서 인체 내의 기(氣)의 단련, 즉 내단(內丹)의 방법으로 노정(爐鼎)론을 주장하였는데, 기(氣)의 단련을 마치 금속을 제련하는 연금술에 빗대어 설명하고 있다. 곧 머리의 백회(百會)를 용광로인 정(鼎)으로 삼고, 하단전을 불을 일으키는 노(爐)로 삼아 기운의 정화(精華)인 단(丹)을 단련한다는 이론이다. 따라서 선도수련은 불을 일으켜, 즉 기(氣)를 활성화하여 단(丹)을 단련하는 수련이기 때문에 '修煉'이라고 하는 것이다. 우리가 일상 사용하는 수련(修鍊)이나 수련(修練)은 수련(修煉)의 질적(質的), 양적(量的) 방법론을 말하는 것이다.

3) 수련(修練)

'練,은 익힌다는 의미이다. 닦음을 계속하여 행하는 것이다. 수련은 계속하여야 한다는 것을 의미하는 것이다. 한 번에 이루어지는 것은 수련이 아니고 기적(奇蹟)이다. 국어사전에서 수련(修練)은 "①수도회(修道會)에 입회(入會)하여, 착의식(着衣式)을 거쳐 수도(修道) 서원을 할 때까지의 몇 년간의 훈련(訓鍊) ②도가(道家)에서 계속하여 선무예(仙武藝)을 닦는 일"이라고 되어 있어 수련(修練)은 계속하여 목적을 위해 익히는(熟) 것을 말한다.

4) 수련(修鍊)

'鍊'은 쇠붙이를 불에 달구어 단련한다는 뜻과 불로 단련되어진 쇠붙이를 뜻한다. 글자의 의미가 내포하듯이 수련(修鍊)은 강하게 단련해야 한다는 것을 의미한다. 선도(仙道)의 수련은 양(陽)적인 에너지인 기(氣)를 단련하는 수련(修煉)이며, 강하게 단련하는 수련(修鍊)이며, 계속하여 단련해야 하는 수련(修練)인 것이다.

2. 수련의 원리

수련은 심신(心身)을 함께 닦는 수련법이다. 이를 성명쌍수(性命雙修)라고 한다. 성명(性命)이란 크게는 인성(人性)과 천명(天命)을 말하며, 수련의 작은 의미로는 육체와 마음을 함께, 즉 몸[1]을 수련하는 것이다. 인간은 소우주이므로 천지의 질서를 지키며 우주의 운행과 변화에 순응해야 한다. 따라서 생명활동의 원동력을 기르는 기공수련은 인체와 우주의 질서에 어긋나지 않아야 할 것이다.

1) 수승화강(水昇火降)

동서양을 막론하고 머리를 시원하게 하고 배는 따뜻하게 유지하는 것을 무병장수(無病長壽)의 비결로 꼽는다. 우리의 전통적인 건강관을 두한족열(頭寒足熱)이라고 하는데 이를 두고 이르는 말이다. 또 우리의 전통적인 난방 시스템인 온돌의 구조도 두한족열(頭寒足熱)의

---

1 몸이란 말은 육체를 의미하는 것이 아니고 사람의 살아있음을 전제로 한 것이며 죽었거나 사람이 아닌 동물에게는 몸이라는 말을 쓰지 않으며, 인간의 육체와 정신을 하나의 말로 나타내는 세계 유일의 언어이다. 몸학이 새로운 학문으로 부각되고 있다.

실천적 방법론이다. 우리 몸에는 두 종류의 에너지가 있다. 따뜻한 불의 에너지인 화기(火氣)와 차가운 물의 에너지인 수기(水氣)가 그것이다. 몸이 최적의 건강 상태를 유지하면 수기는 위로 올라가 머리에 머물고 화기는 아래로 내려가 복부에 모인다. 이를 양생에서는 수승화강(水昇火降)의 원리라고 한다. '수승화강'은 수기는 올라가고 화기는 내려오는 우주의 원리와도 상통한다. 그런 의미에서 만물이 조화롭게 공존하는 우주는 매 순간이 수승화강의 상태이다. 인체에서 수기(水氣)는 신장(腎臟), 화기(火氣)는 심장(心臟)에서 생성된다. 몸속의 에너지 순환이 활발해지면 단전은 신장을 뜨겁게 하여 수기를 밀어 올린다. 수기가 심장을 차갑게 하면 심장의 화기가 단전으로 내려간다. 수기가 등줄기 부분에 위치한 독맥(督脈)을 따라 위로 움직이면 머리가 맑아지고 시원해진다. 화기가 흉곽 가운데에 위치한 임맥(任脈)을 따라 복부로 내려가면 장이 따뜻해진다.

심신수련에서 기(氣) 흐름의 특징은 신수(腎水)는 위로 올라가고 심화(心火)는 아래로 내려가도록 하는 것이다. 신수의 차가운 기운이 올라가서 머리를 맑게 하여 사고가 냉철해지고, 평안해 지는 것이며, 심화는 내려가서 내장의 소화흡수를 도우며 사지에 힘을 공급하여 생명활동이 원활하게 이루어지게 한다. 반대로 심화가 올라가면 상기되어 얼굴이 붉어지고 혈압이 상승하고 심성(心性) 또한 안정되지 못하고 조급(躁急)해지고 포악(暴惡)해 지기도 하여 이를 기공수련에서는 주화입마(走火入魔)라 하여 경계한다. 수련에 욕심을 내거나 마음이 조급하거나 경쟁심이 과다하거나 몸에 무리를 하거나 하는 수련을 삼가야 할 것이다. 또한 신수가 올라가지 않고 내려가면 소화흡수가 원만치 못하여 설사를 하는 등 건강치 못하여 바른 양생을 할 수 없다. 기공은 몸의 기운이 수승화강의 법칙에 따라 바르게 하도록 하는데 목적이 있다. 수련자는 항상 마음을 평안히 하고 선한 마음을 갖고 무리하게 하지 않아 몸의 기운의 흐름에 역행하지 않아야 할 것이다.

2) 정충(精充), 기장(氣壯), 신명(神明)

생명활동은 정·기·신에 의하여 발현되는 것으로 신(神)은 기(氣)의 전환(轉換)으로 생기며, 기(氣)는 정(精)을 기초로 하여 발생되므로 '정·기·신 삼자(三者)는 항상 수련하는 것이 마땅하다.' 라는 것을 정기신론에서 이미 살펴보았다. 따라서 정이 충만하면 기가 장해지고 기가 장해 지면 신이 밝아지는 것이 정충, 기장, 신명이다. 기공수련을 양정(養精), 양기(養氣), 양신(養神)이라고도 부르는 이유도 이 때문이다. 기공수련을 통하여 정(精)이 충만해져서 기가 장해지면 육신(肉身)의 건강을 이룰 수 있으며 기가 장해지면 신이 밝아져 혜식

(慧識)이 총명하고 사리 판단이 정확해지며 창조적 혜안(慧眼)이 열리게 되어 흔히 '신난다.' '신바람 난다'고 하는 마음의 안녕과 자유를 얻어 심신이 평안과 건강에 이르게 되는 것이다.

3) 심기혈정(心氣血精)

마음[心]이 있는 곳에 기(氣)가 있고 기(氣)가 가는 곳에 피(血)가 따르고 피가 가는 곳에 정(精), 곧 기운이 발생한다. 이 네 가지 중에서 심(心)과 기(氣)는 보이지 않고 혈(血)과 정(精)만 보이기 때문에 심기혈정의 상호관계를 알기가 쉽지 않다. 마음이 기를 낳는다(心生氣)는 말처럼 기는 마음으로 조절하는 것이므로 기공수련은 심공(心功) 수련과 병행해서 상호간에 조화를 이루어야 한다. 우리가 활동하기 위해서는 우선 자기의 신체를 마음먹은 대로 움직일 수 있어야 한다. 이와 같이 자신의 몸을 자신의 의지에 따라서 움직일 수 있는 것은 마음에 따라 기의 작용이 일어났기 때문이다. 기공을 수련한 사람은 자기 몸의 특정 부위를 차게도 덥게도 할 수 있고, 오장육부나 그 밖의 신체 기관과 조직에 마음먹은 대로 기를 보낼 수 있어 질병을 치료하고 예방하여 양생에 이룰 수 있는 것이다.

3. 수련의 요소(要素)

수련은 생명활동의 근본과 원동력을 기르는 심신(心身)의 수련이다. 육체(肉體)와 마음을 함께 단련하는 심신일여(心身一如), 성명쌍수(性命雙修)의 수련이므로 먼저 정(精)과 기(氣)가 조화되어야 하고 신체의 움직임 즉 동작이 생명활동이 원활히 이루어지도록 막힘이 없고 미치지 못함이 없어야 한다. 마음 또한 육체의 움직임을 이끌어 나가며, 몸의 상태에 맞지 않는 욕심이 앞서거나 조급하지 않으며 몸에 집중해야 하며, 이러한 육체와 마음의 효과 있는 수련을 위해서는 반드시 호흡이 조화롭게 이루어져야 한다. 몸의 움직임에 따라 호(呼), 흡(吸)이 되며 필요할 때에 그 길이가 길고 짧아야하고, 동작의 특징에 따라 내쉼과 들숨의 경중을 달리해야할 경우를 잘 헤아리며, 내쉼을 통하여 탁기가 완전히 배출되어야 하며 들숨을 통하여 필요한 천기(天氣)가 보충되며, 마음의 흔들림이 있을 때, 숨을 통하여 안정이 이루어지는 등, 육신(肉身)을 바르게 하는 '조신(調身)' 마음을 바르게 고르는 '조심(調心)' 숨을 바르게 쉬는 '조식(調息)' 이 세 가지를 기공수련의 삼조(三調)라 한다. 기공의 특징은 이 세 가지가 서로 불가분의 관계로 각기 홀로 이루어지는 것이 아니고 어떤 유파의 어떤 공법을 수련하든지 기공 삼조는 같이 이루어지는 것이다. 호흡과 조화되지 않은 몸의 동작은 기공이라 할 수 없으며, 의수(意守) 단전 등 의념(意念)이 없는 동작이나 호흡 또한 기공이라 할 수 없는 것이다. 심신수련은 육체의 움직임이 없는 정공(靜功)이라 할지라도 자세(姿勢), 호흡(呼吸), 의념(意念)의 세 가지의 조화(調和)가 없이는 수련의 효과를 얻을 수는 없다. 이제 기공 삼조인 조신(調身), 조식(調息), 조심(調心)에 대하여 살펴보기로 한다.

1) 조신(調身)

조신(調身)은 신체를 자각적으로 조절하는 것을 말한다. 형(姿勢)이 바르지 않으면 기(氣)가 따르지 않고 기(氣)가 따르지 않으면 의(意)가 안정되지 않으며 의가 안정되지 않으면 기가 흩어진다. 그러므로 양생수련에서는 몸의 자세가 중요한 것이다. 조신의 목적은 틀어진 몸의 형태를 바로잡고 올바른 몸놀림을 함으로서 기혈 소통을 원활하게 하여 건강을 증진하려는데 있고 다른 하나는 바른 자세를 취함으로서 조식과 조심에 유리한 상태를 조성하여 수련을 효과적으로 진행하려는데 있다. 몸의 움직임이 없는 정공수련에서는 자세를 중요시 하고, 몸의 움직임이 있는 동공에서는 자세(姿勢)와 함께 동작(動作)을 중요시 한다. 자세는 항상 바로 하여 인체의 기혈의 흐름이 원활하도록 하여 수련의 효과를 높이며, 머리끝에서 발끝까지 신체 각 부위의 근육과 관절의 긴장(緊張)을 완전히 이완(弛緩)시키도록 하며, 동시에 정신적 긴장도 풀어야 한다. 또한 균형의 유지로서 몸의 좌·우·전·후 어느 쪽으로도 기울어지지 않게 균형을 이루도록 하되 스스로 가장 편한 자세를 연구해서 수련해야 한다. 그리고 몸의 중심이 항상 단전(丹田)에 두고 바른 자세를 취해야 한다.

동작을 취함에 있어서도 좌우가 대칭(對稱)되도록 고르게 하여 신체의 균형을 유지하여 기혈의 소통이 잘되게 하며, 동작을 취하되 자기의 현재 몸의 상태를 살펴서 신체에 무리가 가지 않도록 하며 동작을 적당히 행하지 아니하고 무리하게 함으로서 근육이 뭉치는 등의 부작용이 발생하지 않도록 하여야 한다.

자세는 기공단련 중의 작용이 독특하다. 어떤 공법 중에는 자세만 정확하면 내기(內氣)가 강화되고 신체의 불균형이 교정되고 장부의 기능이 원활해지는 것이 있는데, 예로 오금희(五禽戲)의 원숭이 자세는 신(腎)을 강화시키고, 사슴의 자세는 위(胃)를 강화시키고, 곰의 자세는 간(肝)의 기를 이롭게 하며, 학(鶴)의 자세는 정신(精神)을 강화시킨다. 이와 같이 자세만 바르게 취해도 내기(內氣)가 강화되고, 장부(臟腑)의 기능을 강화시킬 수 있는 것이 기공수련의 특징이다.

2) 조식(調息)

인간이 그 생명을 유지하기 위하여 두 가지가 끊이지 않고 계속되어야 한다. 즉 심장이 멈추지 않고 박동(博動)해야 하며, 호흡(呼吸)이 계속되어야 한다. 심장의 박동은 자율신경(自律神經)의 작용을 받아 인간의 의지(意志)와 관계없이 생명이 있는 한 계속되는 것이지만, 호흡(呼吸)은 자율신경의 작용도 받지만 인간의 의지(意志)로 조절이 가능한 것이다. 따라서 인간은 그 의지에 의해서 호흡의 양과 질을 생명활동에 요구되는 최적의 상태로 수련할 수 있는 것이며, 도인(導引)의 참뜻이 양질(良質)의 호흡을 위한 몸의 움직임이라는 것을 통해서도 호흡의 중요성을 알 수 있는 것이다. 이 때문에 고대로부터 양생가들은 호흡에 특별한 관심을 가지고 양질의 호흡을 위하여 노력한 것을 알 수 있는데, 불경 중에서 안반수의경(安般守意經)은 그 전체가 호흡에 관한 석가(釋迦)의 가르침이며, 우리나라 조선 때의 정 북창(鄭北窓) 先生의 용호비결(龍虎秘訣)도 호흡의 비결을 기록한 것이며, 인도에서 발생한 요가도 그 호흡의 중요성을 강조하고 있다. 안반수의경에는 호흡의 작용, 즉 조식(調息)은 번뇌를 없애버리고 정신(精神), 사유(思惟), 의식(意識)을 안정시킨다고 하였다.

용호비결의 본문에 '今欲閉氣者 先修靜心, 疊足端坐(佛書所謂金剛坐也), 垂簾下視 眼對鼻白, 鼻對臍輪(工夫精神全在於此 當是時來脊如車輪), 入息綿綿 出息微微,...'라 하여 '폐기(閉氣)[2]를 하려면 먼저 마음을 고요하게 해야 할 것이니, 다리를 포개어 단아하게 앉아라(佛書에서는 이른바 금강좌라 한다). 그리고 눈썹은 발을 내리듯이 내리고 시선은 아래를 보아라. 육체적인 눈은 코의 흰빛과 상대하라(공부의 정신은 모두 여기에 있다.) 들어오는 숨은 면면(綿綿)[3]하게하고, 나가는 숨은 미미(微微)[4]하게 하라.'라고 하여 호흡 수련의 바른 길을 제시하였다.

중국의 명의 화타는 '호흡(呼吸)하여 이것을 이끌어 옛 것은 토(吐)하고 새 것은 들어오게 하면(吐古納新) 오래 산다.'라고 하였다. 과거에는 토납법, 복기법, 단전호흡 등 호흡과 관련 있는 명칭이 기공을 대표하는 말로 사용되어 기공(氣功)에서의 호흡(呼吸)의 중요성을 알 수

---

2 閉氣 ~ 흔히 이의 뜻을 止息으로 오해하는 경우가 많은데 이의 참 뜻은 수련되어진 기(氣)가 세어나가지 않도록 단속을 하라는 것이다. 잦은 방사(房事)나 능력을 지나는 몸의 움직임, 말을 많이 하거나 불필요한 것을 보고 듣는 것도 축기(蓄氣)에 도움이 되지 않아 폐기(閉氣)를 강조한다.

3 綿綿하게 ~ 이는 도끼를 내려치듯이, 또는 떨어지는 流星같이, 실타래에서 실을 푸는 것 같이 멈춤이 없이 곧게 고르게 이어져야 하는 것을 말한다.

4 微微하게 ~ 이는 특정한 형태를 갖는 것이 아니고, 마치 있는 듯 없는 듯, 숨이 나가는지 아닌지를 구분할 수 없게 내쉬는 것을 말한다.

있으며, 조식(調息)에는 효율적인 올바른 호흡법으로 대자연의 기(氣)를 충분히 받아들여 생명 활동의 근원적 에너지로 전환시키고, 또 호흡조절로 조심에 협조함으로서 연공을 효과적으로 진행하는 것의 두 가지 목적이 있다 하겠다.

호흡의 종류와 방법은 호흡은 의념을 가지고 하는 의념(意念)호흡과 의식을 수반하지 않은 자연(自然)호흡이 있으며, 호흡의 깊이에 따른 복식호흡과 흉식(가슴) 호흡이 있으며, 생리적으로 날숨과 들숨이 있으며, 의념을 하는 방법에 따라 단전호흡, 명문호흡, 등이 있으며, 호흡의 방법에 따라 들숨에 횡격막을 팽창시키고 날숨에 반대로 하는 순(順) 호흡과 이와 반대로 하는 역(逆) 호흡, 들숨과 날숨, 날숨과 들숨, 사이에 호흡을 잠시 멈추는 정폐(停閉) 호흡법이 있다. 호흡은 어느 것을 선택하여 하든지 몸의 상태와 수련의 공법에 맞는 것이어야 하며, 무조건 호흡이 길어야 효과가 큰 것이 아니고 절대로 무리하지 않으며 항상 평안한 상태가 유지되어야 한다.

3) 조심(調心)

조심(調心)은 '의념(意念)'을 중심으로 해서 이루어진다. 조신(調身)과 조식(調息), 즉 몸의 수련과 호흡의 수련은 모두 의식(意識)의 이끌림에 의해서 이루어지기 때문에 조심(調心)은 형태는 없지만 심신수련에서 몸의 자세와 호흡을 이끌어가는 삼조(三調)의 우두머리라 할 수 있다. 수련의 원리에도 심기혈정(心氣血精)의 원리는 '마음이 기와 몸을 이끌어 간다.' 고 하였다.

조심(調心)을 고대에서는 존상(存想), 존념(存念), 존신(存神), 선관(禪觀), 반관(返觀), 지관(止觀), 심제(心齊), 정신내수(精神內守) 등으로 불리었다. 이것은 의식의 수련을 말한다. 즉 연공 중에는 자신의 사상, 정서, 의식의 활동을 서서히 정지시키고 잡념을 배제하여 입정(入靜), 허무(虛無) 상태의 경지로 들어서게 하는 것이 요구되는 것이다.

태백진인(太白眞人)의 활인심법(活人心法)에서 백 가지 병이 발생하는 이유는 마음이 흐트러지고 동요함에 있다고 하였고, 치심편 에

구선('臞仙)이 말하기를 마음이란 신명(神明)이 머무는 곳이니, 텅 비어 있으나 그 안에 신명이 들어있다. 사물에 따라서 마음이 흐트러지기도 하고, 놀라기도 하고, 방탕하기도 하고, 혹은 경계하기도 하며, 혹은 기뻐하고 노하고 혹은 생각에 잠기기도 하여, 하루에도 잠시도 가만있지 않는다. 그러므로 신명이 마음속에 머물러있지 않으면 몸이 상하게 된다. 항상 신명이 마음과 같이 되

도록 하여 삼가 선한 일을 행하고, 만약에 욕심이 일어나면 이것을 다스려야 한다. 분노나 게으름이 일어나면 이것은 나의 적이라고 생각하여 없애도록 할 것이다. 무릇 일곱 가지 감정(七情)이나 여섯 가지 욕심(六慾)이 마음에 생기면 모두 가라앉혀서, 신명에 통하게 하면 밖으로 나오지 않게 된다. 이것이 하늘의 도이다. 마음은 마치 물과 같아서 쉬지 않게 하여 맑고 깨끗하게 하면 그 밑을 맑게 볼 수 있으니, 그것이 영명이라고 하는 것이다. 마땅히 고요히 하여 원기를 굳게 지니면 만 가지 병이 생기지 않는다. 그러므로 오래 살 수 있으나, 만약에 한 생각이 이미 움직이지 않고, 신령이 밖으로 달리고 안에서 피와 골수가 흩어지고, 기가 성하여 위장이 혼란하면 이것은 모두 마음으로부터 일어난 것이다. 그러므로 병이 생기지 않도록 하는 것은 마음을 다스리는 데서 있게 된다.' 라고 하였다.

그리하여 여러 가지 도인법을 행하되, 눈을 감고 반좌(盤坐)하여 고요히 마음을 가라앉히라고 하였다. 이와 같이 마음은 양생의 기본이며 마음을 선(善)하게 하고, 고요히 하고, 집중하여 조신(調身)과 조식(調息)의 수련이 원만한 결과를 이룰 수 있도록 마음의 다스림이 중요하다고 하겠다.

4. 수련의 단계

1) 첫째 단계 연정화기(煉精化氣) ～ 정충(精充) − 축기(蓄氣)단계

연정화기는 정을 단련하여 기로 변하게 하는 것이라고 문자적으로 정의 할 수 있는데, 정은 크게 물질을 의미하는 신체를, 그리고 작게는 생식에 관련된 것을 의미한다. 주로 몸을 단련하여 몸의 각 부분의 틀어짐과 쏠림을 바르게 하여 신체의 활동기능이 강화되는 단계로서 정(精)이 충만하고, 심신에 음양·오행이 균형적으로 조화되어 질병에 대한 예방능력이 강화된다. 따라서 감기 등, 음양의 실조(失調)로 인한 질병에 걸리지 않고, 건강한 상태에 이른다. 한편 정(精)이 충만함으로 인하여 성(性)적인 유혹에 쉽게 빠질 수 있는데 이때에는 정을 과도하게 소비하지 말고, 더욱 열심히 수련하여 충만한 정을 생명의 에너지로 바꾸어 다음 단계의 수련이 임해야 할 것이다.

2) 둘째 단계 연기화신(煉氣化神) ~ 기장(氣壯) - 소주천(小周天)단계

연기화신의 단계는 연정화기 단계에서 정의 기화로 생성된 기의 활동이 왕성해지고 강화되어, 수련으로 축기된 기(氣: 丹)가 움직이는 단계이다. 연정화기의 단계에서 충만해진 기(氣)는 하단전을 빠져나와 회음(會陰: 항문과 성기 사이에 있는 경혈)을 지나 장강(長强: 꼬리뼈 부근의 경혈)을 통과하여 상체의 뒷부분의 중앙을 흐르는 독맥(督脈)을 타고 올라가 상체의 앞부분 중앙을 흐르는 임맥(任脈)을 타고 다시 하단전으로 돌아오는 소주천(小周天)의 경지에 이르게 된다. 이 단계에 이르면 몸의 생명활동이 극대화되어 질병에 대한 예방기능이 강화되고, 항상 자신감에 넘치고 정신상태도 늘 쾌활한 상태가 된다. 또 자신의 기로 타인을 치료할 수 있는 능력이 발휘된다. 이 단계에서 교만하지 말고 겸손하고 각고의 수련으로 이루어진 기운을 아껴, 음란한 곳에 사용하지 말고, 이웃을 위해 사용하며 계속 정진하여 수련하면 더 높은 단계에 오를 수 있다.

3) 셋째 단계 연신환허(煉神還虛) ~ 신명(神明) - 대주천(大周天)단계

연신환허는 수련의 큰 결실을 맺는 단계로 선천(先天: 虛)으로 돌아감[還]을 말한다. 기공수련의 목적을 환단(還丹)이라고 하는 것은 이를 두고 이르는 말이다. 원래 선천지기(先天之氣)는 완전한 상태로 받았으나 태어나면서부터 자연에 순응하여 바르게 생활하지 못한 결과로 틀어지고 쏠려져서, 질병에 시달리는 등의 고통을 당하는 것이다. 그래서 동양의 수련은 그 목적을 돌아가는데 두는 것이다. 수련(修鍊)은 강하게 발달시키는 것이 최고의 목적이 아니고, 잘못되어진 것을 닦아내어[修] 돌이키는 것이 근본적인 목적이다. 이 단계가 되면 호흡이 태식(胎息)으로 환원되고 잠재된 능력이 발휘된다. 세상의 시비에 휘말리지 않게 되고 모든 욕심에서 벗어난 상태가 되어, 되돌아온 능력을 더욱 유익하고 큰 곳에 사용하여 기운이 탁해지지 않도록 한다. 만약 자기 자신의 명예와 이익을 위하여 사용한다면 자신은 소위 사이비 교주가 될 수도 있는 것이다. 실제로 사회를 어지럽히고, 시끄럽게 하였던 예를 우리는 기억하고 있다.

5. 수련방법론

1) 도인(導引) 론

도인(導引)의 사전적 의미는 호흡의 능력을 높이고, 기(氣)와 혈(血)의 순환을 촉진하고 근육과 뼈를 튼튼하게 하며 피로를 풀고 장수하게 하는 몸의 조정과 움직임이라고 하였다. 모든 기공공법이 이에 속한다고 할 수 있다. 현대체육과 다른 점은 몸의 움직임에 호흡과 의식을 병행하여 몸의 기능 향상과 틀어짐과 쏠림을 교정하여 기혈의 흐름을 바르게 하여 생명력을 높이는 것이며, 고대로부터 행한 동양의 체육이라고 할 수 있다. 도인은 경락학의 원리에 따라 행공(行功)하고, 음양과 오행의 원리에 근거를 두고, 정기신을 고루, 체계적으로 수련하는 동양 양생(養生)의 방법론이며, 크게 정공(靜功)과 동공(動功)으로 나누며, 목적에 따라 무술공, 보건공, 치료공 등으로 나눈다.

(1) 도인(導引)의 특성
① 의형결합(意形結合) 중점재의(重点在意)
마음과 자세를 같이 하되 마음을 중시한다. 의(意)는 의념(意念) 또는 의수(意守)를 말한다. 형(形)은 자세 또는 동작을 가리킨다. 공법의 수련에서는 의념과 자세가 밀접하게 결합되기를 요구 하며, 그에 따라서 실력이 향상되고, 동작이 숙달되면 수련의 중점을 의념으로 차츰 전환시키는 것을 의형결합(意形結合) 중점재의(重点在意)라 한다.

② 동식결합(動息結合) 착중우식(着重于息)
동작과 호흡을 같이하되 호흡을 중시한다. 공법의 도인에서 요구하는 동작과 호흡은 긴밀하게 결합하는 것이 중요하다.

③ 주신방송(周身放松) 자세서전(姿勢舒展)
온 몸을 이완하고 자세를 편히 펼치라. 주신방송 자세서전은 공법수련의 도인에서 또 하나의 특징이다. 전체의 동작이 넓고 소탈하며, 뻣뻣하게 구속되지 않고, 천천히 부드럽고 가볍게 날리듯 하며 적당히 편안하고 자연스러움이 마치 봄누에가 끊이지 않고 면면히 실을 토하듯 하여야 한다.

④ 봉동필시(逢動必施) 봉작필요(逢作必繞)

움직일 때는 반드시 펼치고, 꾸밀 때는 반드시 감아라. "봉독필시 봉작필요" 또한 도인보건공의 특징 가운데 하나로써 동작의 처음부터 마지막까지 요구되는 사항이다. 봉독필시 봉작필요란 각각의 동작에서, 포괄적으로 상지(上肢)와 하지(下肢) 모두를 돌리고 휘감으며 비틀어 짜서 휘돌리는 가운데 이루어 져야 한다는 것이다.

⑤ 제항송항(提肛松肛) 귀여식합(貴與息合)

항문을 강하게 조이고, 이완을 호흡과 합해 귀하게 여기라. 제항(提肛) 즉 항문을 회음부(會陰部)와 함께 치켜든다. 송항(松肛) 즉 항문을 회음부와 이완 시켜 내린다.

⑥ 완만유화(緩慢柔和) 원활연관(圓活連貫)

천천히 느슨하고 부드럽게 화합함이 둥그렇고 생기 있게 연이어지듯이 하라. 수련에는 사요(四要)와 사불(四不)이 있다.

가. 사요(四要: 4가지 요구)

첫 번째는 완만(緩慢)(천천히 느슨함)

두 번째는 유화(柔和)(부드럽게 화합)

세 번째는 원활(圓活)(둥그렇고 생기있게)

네 번째는 연관(連貫)(연달아 이어지듯)

나. 사불(四不: 4가지 불가)

첫 번째 불강경(不僵硬)(굳고 뻣뻣하지 않음)

두 번째 불송해(不松懈)(이완을 게을리 말라)

세 번째 불직왕(不直往)(곧바로 가지 마라: 원(圓) 운동을 하라)

네 번째 불단속(不斷續)(자르고 끊지 말라)

(2) 도인(導引)의 원칙

① 도인은 동작과 자세와 함께 호흡(呼吸)과 의식(意識)이 병행되어야 한다.

② 도인은 심장(心臟)에서 먼 곳부터 시작하여 차츰 몸의 중심으로 이동한다.

③ 도인은 호흡(呼吸)의 조정으로 시작과 마무리를 한다.

④ 도인은 한 쪽에 치우치지 않아야 하며 상하, 전후, 좌우가 골고　루 움직이도록 대칭이 되어야 한다.

⑤ 수련 시 욕심은 금물이며 반드시 심신의 이완(弛緩)이 이루어진　다음에 시행한다.

⑥ 도인으로 단련된 진기(眞氣)는 수련의 종료와 함께 단전으로 걸　어 들이는 수공(收功)을 반드시 하여야 한다.

2) 화후(火候) 론

화후(火候)의 본래 의미는 용광로에서 철물을 제련할 때 가장 중요한 작용인 불의 조정을 말한다. 양생에서 가장 중요한 것은 호흡(呼吸)이다. 화후(火候)는 양생수련이 원만한 목표에 이르기 위해 호흡의 강도(强度)와 장단(長短)과 의념의 강약(强弱)과 그 장소의 조정을 말한다. 단경(丹經)의 왕이라고 일컫는 참동계(參同契)는 역(易)의 사상을 수련 원리에 도입하고 수련을 연금술에 비유하였는데, 수련시의 호흡조절을 화후(火候)라는 연금술 용어를 사용한 것이 그 시작이다. 또 호흡의 강도에 따른 문화(文火)[5]와 무화(武火)라는 용어도 처음 사용하였다. 내단(內丹)[6] 이론을 완성한 북송(北宋)의 장백단(張伯端)은 그가 지은 오진편(悟眞篇)에서 대개 금단(金丹: 내단의 완성단계)은 전혀 화후(火候)를 힘입어 닦아 가느니라. 불[火]이란 닦아나가는 공(功)이요, 후(候)란 닦아나가는 차서(次序)니라. 고 하여 화후(火候)를 정의하고 기공수련에서 호흡의 중요성을 강조하였다. 기공(氣功)은 몸과 마음, 그리고 숨이 결합어 생명력을 높이는 수련법이다. 호흡의 조절을 통한 기공수련은 생명의 질을 높이는데 매우 중요하다.

3) 운기(運氣) 론

운기(運氣)란 문자의 의미대로 기의 움직임을 말한다. 기론(氣論)적인 입장에서 인체는 기(氣)이고 그 임무와 작용별로 분류한 것이 정(精)·기(氣)·신(神)이다. 앞의 정기신 론에서 살펴 본바와 같이 기(氣)는 생명유지와 생명활동을 위한 생리적 작용이자 활동의 에너지이

5　문화(文火) ~ 내단 수련시 의념의 강도를 낮추고 평안하게 하는 호흡을 말하며, 무화(武火)는 강하게 하는 것을 말한다.

6　인체 내의 근원적인 생명력, 즉 호흡과 의념을 중심으로 정·기·신을 단련하는 것. 단(丹)이라는 것은 기운이 둥글게 뭉쳤다는 의미로 수련을 통하여 형성된 기(氣)의 덩어리를 말하며 의지(意志)에 의하여 운기(運氣)가 가능한 상태를 단(丹)이라 한다.

다. 따라서 기(氣)는 항상 움직인다. 기의 작용으로 혈액이 순환하고 소화가 이루어지며, 인체의 70%를 차지하는 물의 흐름에 관여하며, 적정의 체온을 유지하며, 외사(外邪)를 방어하는 임무도 기의 소관이다. 기는 움직여서 생명의 유지와 활동하게 한다. 이러한 움직임은 인체의 자율신경계의 조정에 의하여 이루어지는 것이기 때문에 여기서 논하는 운기와는 구별된다. 운기(運氣)란 수련에 의해서 축적된 기(氣), 즉 연정화기(煉精化氣)에 의하여 이루어진 기를 의념(意念)의 작용에 따라 움직여서 인체의 생명능력을 능동적으로 향상시키는 것을 의미한다. 동양의 수련에서 운기는 매우 중요하다. 소주천(小周天)[7], 대주천(大周天)[8]은 운기의 깊은 경지를 말한다.

운기의 조건은 수련에 의해서 형성된 기의 충만함을 전제로 한다. 마음[神]이 기를 통제하여 마음으로 기를 움직일 수는 있지만 축적된 기가 부족할 경우에는 기능향상의 효과는 없고 의식이 종료하면 기는 다시 돌아오게 되어 있다. 기의 수련에 의하여 기가 충만한 상태가 되면 그 기는 넘쳐서 스스로 움직이는데, 이러한 상태를 단(丹)이 형성된 상태라고 하고, 단(丹)이란 기운의 덩어리이고 그것은 스스로 또는 의식에 의하여 움직일 수 있다. 조선 중기의 내단(內丹)가인 북창(北窓) 정념(鄭磏)선생은 그가 지은 용호비결에서

"따뜻한 기운이 미미한 상태에서 차츰 뚜렷해지고 아래에서 위로 올라가는 것이(열기가 이르는 곳이 점점 환하게 열리면서 올라간다.) 마치 꽃봉오리가 점점 피어나는 것 같아서 소위 빛나는 연못에 연꽃이 피어난다고 하는 것이다.(신수화지라고 하는 것은 마음을 비어 아무것도 없는 고요한 경지를 돈독히 유지할 때에 쓰는 말이니 바로 이것이 무엇보다도 가장 중요한 것이라고 할 수 있다.)"[9]

수련에 의하여 충만해진 기의 움직이기 시작함을 말하고 있다. 기공수련의 삼조(三調)의 하나인 조심(調心)은 운기와 깊은 관련이 있다. 신(神)은 정(精)과 기(氣)를 통솔하기 때문이다.

---

7 소주천(小周天) ~ 기공의 수련에서 기의 운기(運氣)단계가 양(陽)기의 통솔경락인 독맥(督脈)과 음(陰)기의 통솔경락인 임맥(任脈)의 두 경락에 이른 상태이며 음양의 조화가 이루어져서 소화와 기혈의 순환상태가 원활해 져서 질병으로부터 벗어난 생명력에 문제가 없는 상태의 경지라고 할 수 있다.

8 대주천(大周天) ~ 운기의 단계가 전신에 이른 경지로서 인간의 본래 초능력이 발휘되는 단계이며, 소주천이 신체의 소화 순환 생식계 기능의 완성이라고 한다면 대주천은 신경을 포함한 인체의 생명력과 관련된 전 기능이 완성된 단계이며, 특히 신(神)이 밝아져 신명(神明)의 상태에 이른다고 한다.

9 則溫溫之氣 從微至者 自下達上 (熱氣所至 漸漸開豁上達) 如花至漸開 所謂華池生蓮花也 (神水華 池云者 致虛極 守靜篤 之時也 此最緊要處也)

4) 호흡론(呼吸論)

　동양의 전통적인 건강 수련법인 요가, 태극권 등이 각광을 받는 것은 한 마디로 동양 전총 수련법의 중심에는 호흡(呼吸)이 있기 때문이다. 물론 서양 체육이 호흡과 관련이 없다는 것은 아니다. 그렇지만 동·서양의 수련법을 구성하는 호흡의 역할을 살펴보면 동양은 호흡이 수련의 중심이 되는 반면에 서양은 움직임이 주가 된다. 동양 전통수련의 다른 이름을 기(氣) 수련이라고 하는 것은 수련의 중심이 호흡(呼吸)인 기를 중심으로 하기 때문이다. 호흡은 두 가지의 생명현상의 하나이다. 이는 생명 현상인 심장의 박동과 호흡은 생명의 유지를 위해서는 한 시도 그쳐서는 안 된다. 이 중에서 심장의 움직임은 인체의 생명 유지 매커니즘 중에서 자율신경에 의지하고 있지만 호흡은 자율신경에 의해서 유지 발현되지만 심장의 운동과는 달리 인간의 의지에 의해서도 조절이 가능하기 때문이다. 그래서 동양은 일찍부터 생명의 질을 높이는 수련 방법이 발전하였는데 대부분이 호흡 수련과 관련이 있다.

(1) 호흡의 생리학적 고찰

　숨의 내쉼과 들이마심을 말한다. 생물 생존에 필요한 산소를 외계로부터 흡입하고, 불필요한 이산화탄소(탄산가스)를 배출하는 기체교환현상을 말한다. 세포 내에서는 산소와 반응한 영양소에서 에너지가 방출되어 이산화탄소가 생성된다(이것을 물질대사라 한다). 호흡은 물질대사가 이루어지는 조직세포에서 일어나며 그 가스를 주고받는 혈액을 통하여 폐에서도 이루어진다.

　앞의 것을 내호흡(조직 호흡), 뒤의 것을 외호흡(폐호흡)이라 한다. 내호흡은 주로 생화학 연구대상이고, 외호흡은 주로 생리학에서 다루는 경우가 많다. 산소와 이산화탄소의 출입량이 안정 상태인 것은 성인인 경우, 1분에 산소가 250 ml, 이산화탄소가 $200ml$ 정도이다. 격렬한 운동을 한 경우에는 이것의 몇 배가 된다. 게다가 체내의 산소저장량은 1 l 남짓밖에 되지 않으므로 호흡에 의한 산소의 흡입은 잠시도 쉴 수 없는 중요한 신체활동이라 할 수 있다.

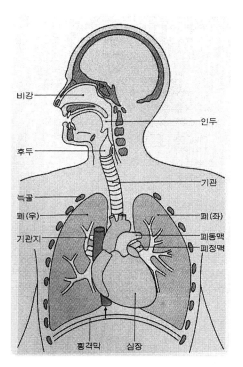

비강
인두
후두
기관
늑골
폐(우)
폐(좌)
기관지
폐동맥
폐정맥
횡격막
심장

① 호흡기의 구조

호흡기는 그림 에서와 같이 비강에서 인두·후두를 거쳐 기관(氣管)에 이른다. 기관은 다시 좌우의 기관지로 갈라지고, 폐 안에서 수많은 분기(分岐)를 되풀이하면서 그 수가 증가한다. 분기는 10~23회 거듭하다가 최종적으로는 얇은 주머니 모양의 폐포에서 끝난다. 가스교환은 주로 이 폐포에서 이루어진다. 하나하나의 폐포는 지름 100μ 정도의 소포(小胞)인데, 좌우의 폐를 합하면 약 3억 개나 된다. 따라서 가스교환을 위한 표면적은 약 $60\,m^2$에 이른다.

② 폐기량(肺氣量)

보통 폐 안에 있는 공기량은 $2\,l$ 가량이며 호흡할 때마다 약 $0.5\,l$의 공기가 들어온다. 호흡을 하여도 폐 내에는 공기가 어느 정도 남는데, 이것을 잔기량이라 한다. 잔기량은 폐를 둘러싸고 있는 흉막강의 내압이 대기와 통하고 있는 폐의 기도 내압보다 낮고, 폐를 바깥쪽으로 넓히는 힘이 작용하기 때문에 생긴다. 한 번의 심호흡으로 $4~5\,l$의 공기를 들이마실 수 있는데, 이것이 폐활량이다. 이때 폐내 공기의 총량은 $6\,l$가 좀 못되며, 이를 전폐기량(全肺氣量)이라 한다.

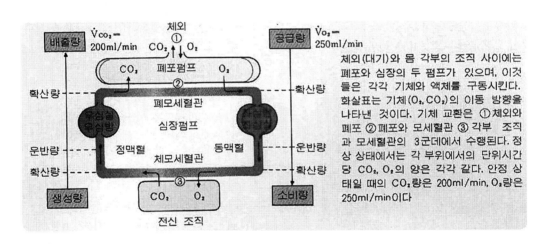

체외(대기)와 몸 각부의 조직 사이에는 폐포와 심장의 두 펌프가 있으며, 이것들은 각각 기체와 액체를 구동시킨다. 화살표는 기체(O_2, CO_2)의 이동 방향을 나타낸 것이다. 기체 교환은 ①체외와 폐포 ②폐포와 모세혈관 ③ 각부 조직과 모세혈관의 3군데에서 수행된다. 정상 상태에서는 각 부위에서의 단위시간당 CO_2, O_2의 양은 각각 같다. 안정 상태일 때의 CO_2량은 200ml/min, O_2량은 250ml/min이다

폐포의 둘레는 폐모세관이 둘러싸고 있는데, 그 표면적은 폐포 표면적과 거의 같은 약 $60\,m^2$이다. 그러나 이 부위에 있는 혈액량은 약 $70\,ml$ 밖에 되지 않으므로 폐포 내의 가스는 폐포와 폐모세혈관막이 박막(1μ 이하)을 통하여 아주 얇은 혈액의 층과 접하게 된다. 따라서 혈액이 폐모세혈관내를 통과하는 약 1초 동안에 폐포가스와 폐모세혈관내의 가스는 완전한 평형상태를 이룬다.

③ 폐에서의 가스교환

〈표〉 호흡 · 폐포기의 조성 및 그 농도와 분압

	CO₂	O₂	H₂O	N₂	계
흡 기(Vol.%)	0.04	20.93	0	79.03	100
폐포기(Vol.%)	5.6	14.0	0	80.4	100
폐포기(㎜Hg)	40	100	47	573	760
동맥혈(㎜Hg)	40	100	47	573	760
정맥혈(㎜Hg)	46	40	47	573	706

* 주 : 농도=Vol.%, 분압㎜Hg

이 경우의 가스 이동은 확산(擴散: diffusion)에 의한다. 확산이란 기체나 액체와 같은 유동물질의 농도가 장소에 따라 다를 때 물질이 이동하여 농도의 균일화가 일어나는 현상을 말한다(위 그림). 이와 같은 폐에서의 가스교환의 결과 폐포 내의 공기는 외계의 공기보다 산소농도가 낮아지고 이산화탄소의 농도는 높아진다. 〔표〕에서처럼 산소는 약 21%에서 14%, 이산화탄소는 대략 0에서 5.6%가 된다. 이 폐포가스는 기능적 잔기량인 가스에 대하여 끊임없이 외계로부터 호흡에 의하여 공기가 출입하기 때문에 일정하게 유지되고 있다. 또 산소와 이산화탄소의 농도는 가스의 분압(分壓)에도 잘 나타난다. 폐포내의 산소와 이산화탄소의 분압은 100㎜Hg와 40㎜Hg이다. 이것과 평형을 이루는 동맥혈에서도 산소와 이산화탄소의 분압은 100㎜Hg와 40㎜Hg가 된다. 정맥혈에서는 조직에서의 가스교환으로 산소는 40㎜Hg로 저하하고 이산화탄소는 46㎜Hg로 상승한다.

④ 호흡운동

호흡운동의 기구(機構)를 모식도로 나타낸 것이 아래 그림이다.

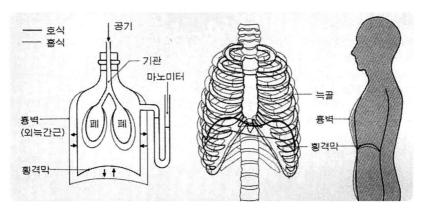

호흡운동은 늑골과 횡격막의 운동에 의해 이루어지는데, 늑골은 그 안팎에 붙은 내·외늑간 조에 의해 조절된다. 폐를 둘러싸는 흉벽과 횡격막은 숨을 들이쉴 때 파란 선 위치까지 확대된다. 따라서 외기와 통하고 있는 기도내압에서 폐 주위 흉막강 내압으로의 압력구배가 커져 폐가 팽창한다. 흉부를 움직이는 것은 외늑간근(外肋間筋)인데, 늑골 사이에 비스듬히 뻗어 있다. 이 근육수축에 의하여 늑골은 척추를 지점(支點)으로 위쪽으로 치켜 올려 지므로 흉부가 전후좌우로 확대된다. 횡격막은 강력한 근육조직으로 볼록한 돔(dome) 모양을 하고 있다. 횡격막은 수축에 의하여 면적이 축소되므로 폐는 아래쪽으로 밀려 내려간다. 들이쉬는 숨이 끝나면 흉벽과 횡격막은 자체의 탄성에 의하여 원위치로 돌아가고, 흉막강 내압도 처음의 내압으로 돌아가므로 폐는 압박되어 수동적으로 숨을 내쉬는 모양이 된다. 호흡운동이 아주 심해지면 내늑간극 등의 호흡근이 작용해서 적극적인 호흡이 이루어진다.

⑤ 호흡중추

호흡운동은 뇌의 연수에 있는 호흡중추에 의하여 반사적으로 조절된다. 호흡중추는 연수에 있는 흡식(吸息)·호식(呼息)중추, 교뇌(橋腦) 하부의 애프뉴시스중추·교뇌 상부의 호흡조절중추 등의 호흡중추군으로 이루어진다. 호흡의 리듬은 몇 개의 신경세포로 이루어진 뉴런으로 만들어진다. 보통의 호흡에서는 폐의 흡식에 의한 팽창이 폐 미주신경 말단의 신전수용기(伸展受容器)를 자극하여 그 정보가 호흡중추에 전해져 호흡리듬을 조정하는 작용이 이루어진다. 이것을 헤링-브로이어의 반사라 한다.

⑥ 호흡조절

호흡의 주목적은 산소 흡입과 이산화탄소 배출에 있는데, 앞에서 설명한 것처럼 체내의 산소 저장량은 매우 적다. 또 이산화탄소는 체액에 녹으면 탄산이 되어 산성화 작용을 하는데, 그 양은 규정된 산으로 쳐서 1일 15 l 나 된다. 호흡은 탄산가스 농도변화에 민감하게 반응하는 세포들이 있어 혈액 속에 녹아 있는 탄산가스의 양이 증가하면 호흡중추의 흥분이 커지고 호흡운동의 회수와 길이도 증가한다. 그러므로 생체에는 산소·이산화탄소의 출입을 확보하고 혈액 중의 이들 가스 상태의 안정을 도모하기 위한 강력한 조절계가 있다. 이것을 〈 호흡의 화학조절계 〉라 한다. 또 산소와 이산화탄소, 그리고 이것에 의하여 강하게 규정되는 pH(수소이온 농도지수)는 혈액가스라고 하는 경우가 많다. 이 혈액가스는 이른바 음(陰)의 피드백 루프(negative feedback loop)라는 화학조절계로 조절된다(그림 윗부분). 이 계는 호흡중추군－(호흡근)－폐－혈액가스－말초와 중추의 화학수용기－호흡중추군의 루

프로 구성된다. 예를 들면 어떤 이유로 폐의 가스교환이 장애를 받으면 혈액 중의 산소분압이 내려간다. 이 산소분압의 저하는 주로 말초의 화학수용기를 강력히 자극하여 호흡중추의 활동을 높여 폐의 환기를 항진시키고, 저하된 산소분압을 원상으로 되돌리는 작용을 하게 된다. 이들 화학조절계에 관여하는 기관들이 어디에 있는지를 〔그림 5〕에 나타냈다. 말초 화학수용기는 총경(總頸)동맥의 분기부에서 외경동맥 쪽에 있는 경동맥체와 대동맥벽에 산재하는 대동맥체로 이루어진다. 앞의 것은 동신경(洞神經)에서 설인신경을 지나고, 뒤의 것은 미주신경을 지나 호흡중추에 자극을 전한다.

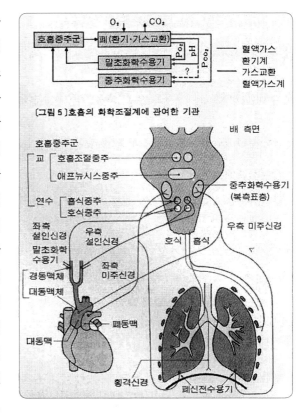

〔그림 5〕호흡의 화학조절계에 관여한 기관

이들 수용기는 주로 동맥혈 산소분압과 혈액 pH 저하에 의하여 자극되며 혈액 pH의 상승에 의하여 억제된다. 중추화학수용기는 pH의 저하로 자극된다. 이 부위는 뇌척수액에 덮여 있어서, 투과성 높은 혈액의 이산화탄소에 의하여 산성화된다.

⑦ 호흡의 분류

가. 폐호흡

포유류는 발달한 횡격막 수축에 의하여 흉강이 몸 아래쪽으로 확대되고, 동시에 외늑간극 등의 수축에 의하여 늑골이 올라가 흉강이 확대되어 흉부가 넓어져서 공기가 흡입된다. 횡격막과 늑골이 원상태로 돌아가면 공기는 폐에서 배출된다. 호흡운동은 연수의 호흡중추에 의하여 반사적으로 조절되지만 혈중의 이산화탄소 분압이나 산소분압의 변동도 중추를 통하여 호흡운동에 영향을 끼친다. 조류나 파충류는 주로 외늑골근 작용에 의한 흉부용적의 변화로 호흡한다. 양서류, 특히 개구리는 성문(聲門)과 비공(鼻孔)을 번갈아 개폐하여 공기를 구강에 출입시키고, 동시에 설골판(舌骨板)을 작용시켜 폐내의 공기를 구강으로 내보내고 여기서 신선한 공기를 다시 폐로 흡입한다.

나. 피부호흡

이것은 체표 면에서 산소를 흡입하는 호흡인데, 특별히 분화한 호흡기관이 없는 동물, 예를 들면 지렁이·거머리 등이 이 방법으로 호흡한다. 또 호흡기관이 있더라도 강장동물·갑각류·척추동물 등은 피부호흡을 한다. 뱀장어는 조건에 따라서는 전체 호흡의 60% 이상을, 개구리도 전체 호흡의 50% 가량을 피부로 한다. 조류나 포유류는 비율이 낮다.

다. 가스교환

대부분의 곤충이나 선충·해파리 등 체제가 간단한 동물은 세포로 확산시키는 것만으로도 충분한 산소를 얻을 수 있다. 체제가 복잡하고 순환계가 있는 동물에서는 호흡매질(媒質)과 혈중의 산소 운반분자 사이에서 가스교환이 이루어진다. 산소 운반분자에는 헤모글로빈(원색동물과 대부분의 곤충을 제외한 동물), 클로로크루오린(일부의 다모류), 헤모시아닌(연체동물과 갑각류) 등의 호흡색소가 있다. 무척추동물에는 산소 운반분자가 혈중에 녹아 있는 것도 있으나, 유형동물·연체동물의 일부, 극피동물, 척추동물에서는 특수한 혈구 속에 한정되어 있다. 호흡기관에서 혈류에 의하여 조직 말단에 운반되는 산소와 헤모글로빈의 결합은 가역적(可逆的)이다. 헤모글로빈은 산소분압이 높은 자리(호흡기관)에서는 산소와 안정하게 결합하나, 산소분압이 낮은 자리(조직 말단)에서는 결합이 불안정하므로 산소가 방출된다. 조직 말단에서 생긴 이산화탄소는 혈액에 녹아들어 호흡기관에 운반되고, 거기서 호흡매질 속에 방출된다.

라. 내호흡

가스교환(외호흡)에 의하여 흡입된 산소가 체내의 세포나 조직에 운반되고 소비되어서 이산화탄소를 방출하는 현상이다. 세포호흡, 또는 조직호흡이라고도 한다.

(2) 호흡의 종류
① 사용하는 근육과 부위에 따른 호흡
가. 복식호흡(腹式呼吸: abdominal respiration)

횡격막의 수축이 주가 되는 호흡운동. 호흡운동은 흉곽의 확장과 횡격막의 수축에 의해 이루어지는데 복식호흡은 횡격막의 수축이 복부내장을 밀어내리고 복벽을 앞쪽으로 밀어내는 양식을 취하는 데 대해 흉식호흡은 늑간근육의 활동이 뚜렷하며 흉부가 잘 움직이는 양식이다. 호흡에 의한 횡격막의 이동 크기는 안정호흡 때에 약 1.5㎝이고 심호흡 때에는 6~

7cm에 이른다. 심호흡 때에는 척추의 신전(伸展)이 일어나 흉곽이 위쪽으로 들어 올려 지기 때문에 횡격막의 이동의 크기는 10cm에 이르는 경우도 있다. 또한 횡격막의 총 표면적은 약 30cm²이므로 안정호흡 때에 450m, 최대흡기 때에 3000m나 되는 환기가 횡격막의 운동에 의해 이루어진다. 호흡의 양식에서 남자는 복식호흡을 하고 여자는 흉식호흡을 한다고 하지만, 호흡에서 횡격막이 차지하는 역할은 매우 크기 때문에 보통은 남녀 모두 횡격막에 의한 호흡이 큰 비중을 차지한다.

나. 흉식호흡(胸式呼吸: Chest breathing)

횡격막의 수축이 주가 되는 호흡운동. 호흡운동은 흉곽의 확장과 횡격막의 수축에 의해 이루어지는데 복식호흡은 횡격막의 수축이 복부내장을 밀어내리고 복벽을 앞쪽으로 밀어내는 양식을 취하는 데 대해 흉식호흡은 늑간근육의 활동이 뚜렷하며 흉부가 잘 움직이는 양식이다. 호흡에 의한 횡격막의 이동 크기는 안정호흡 때에 약 1.5cm이고 심호흡 때에는 6~7cm에 이른다. 심호흡 때에는 척추의 신전(伸展)이 일어나 흉곽이 위쪽으로 들어 올려 지기 때문에 횡격막의 이동의 크기는 10cm에 이르는 경우도 있다. 또한 횡격막의 총 표면적은 약 30cm²이므로 안정호흡 때에 450m, 최대흡기 때에 3000m나 되는 환기가 횡격막의 운동에 의해 이루어진다. 호흡의 양식에서 남자는 복식호흡을 하고 여자는 흉식호흡을 한다고 하지만, 호흡에서 횡격막이 차지하는 역할은 매우 크기 때문에 보통은 남녀 모두 횡격막에 의한 호흡이 큰 비중을 차지한다.

다. 완전호흡(完全呼吸: Complete breath)

완전호흡은 우리 몸에 있는 호흡을 위한 모든 기관을 이용하여 최대한의 많은 공기를 순환 시키는 호흡이라고 생각하면 가장 간단하다. 호흡을 위한 폐는 흉곽에 들어있고 이 폐는 새 장처럼 생긴 갈비뼈와 돔처럼 생긴 횡경막으로 감싸져 있다. 호흡에 이용되는 근육은 바로 이 갈비뼈 사이에 있는 근육 (Intercostal muscle)과 횡경막이다(diaphragm).(이 외에도 몸통에 있는 많은 근육들이 이용되지만 직접적인 작용을 하는 근육은 이 두 가지로 보면 된다) 들이 쉬는 호흡에 돔처럼 폐의 아래를 받치고 있는 횡경막이 수축하면서 평평해진다. 이 때문에 오목했다가 평평해 진 공간만큼 배가 나오게 되어있다. 그리고 갈비뼈 사이에 있는 근육들이 이완 하여 갈비뼈 사이사이를 벌리게 된다 이로 인해 가슴이 살짝 부풀어 오르게 되어 있다. 이렇게 되면서 생기는 공간으로 공기가 흘러들어가 들숨이 이루어지는 것이고 날숨은 반대로 횡경막이 이완하여 다시 돔처럼 되고 갈비뼈 사이 근육들이 수축하여 갈비뼈가 제

자리로 돌아오며 흉곽의 공간이 좁아지며 이루어지는 것이다. 그렇기 때문에 최대한 많은 공기를 들이 쉬기 위해서는 배에서 부터 쇄골 부위까지 의 모든 공간을 최대한 활용해야만 한다. 그리고 이것을 완전 호흡이라고 하며 요가를 수련할 때에는 완전호흡을 하는 것이 정석이며 그렇기 때문에 요가가 다른 운동과 큰 차별점이 생기는 것이다. (물론 요가를 수련하다 보면 다른 호흡들도 배우게 되지만 이 완전 호흡이 가장 기본적인 요가 호흡법이다) 가장 많은 산소를 들이 쉬고 가장 많은 노폐물과 이산화탄소를 내 뱉게 함으로써 몸이 움직이면서 생기는 활성 산소를 최소화 하고 근육에 젖산이 쌓이는 것을 예방한다. 완전호흡을 하는 방법은 배에서 부터 쇄골까지의 내 몸을 물 컵이라 생각하고 물을 따르면 물이 아래에서 부터 차오르듯이 들이 쉬는 호흡에 배에서 부터 몸이 불러오기 시작해 가슴 쇄골 바로 아랫부분까지 공기가 가득 찬 느낌이 되도록 한다. 하지만 몸이 편안히 느껴지는 선까지만 들이 쉬며, 몸이 편안하지만 더 이상 들이 쉴 수 없어 숨이 잠시 멈추어진 순간까지 들이 쉰다. 내 쉬는 호흡에는 몸이 공가가 가득 찬 풍선이라 생각하고 풍선 입구를 손으로 잡고 공기를 조금씩 내 보낼 때의 양상처럼 공가가 차 있던 부분이 전체적으로 서서히 수축하는 느낌으로 숨을 내 쉬면 된다. 이때도 공기를 모두 내 뱉어 숨이 멈추어질 때 까지 내 뱉도록 한다. 이렇게 하면 평소 우리가 이용하지 못하고 있던 폐안의 공간(이 공간에는 순환되지 못하고 있던 공기가 쌓여있다)을 모두 이용하게 되어 더욱 많은 산소를 들이 쉴 수 있게 되는 것이다. 그리고 기본적으로 내 쉬는 호흡이 들이 쉬는 호흡보다 30% 정도 길도록 하여 더 많은 정체된 공기를 내 뱉도록 유도 하는 것이 좋다.

② 순 호흡(順呼吸)과 역 호흡(逆呼吸)

순 호흡은 기공 수련에서 가장 많이 상용되는 호흡법이다. 숨을 들이쉴 때 기(氣)가 단전을 꿰뚫어 복부에서 기가 흡입되고 아래로 깊이 들어가 점차 팽팽해지게 한다. 기가 단전에 가득차면 차츰 기를 호출하고 기가 복부에서 호출되면 점차 원래의 상태로 돌아온다. 이것은 소위 복식호흡의 순 호흡법이고 일반적으로 호흡을 아래로 유도만 하면 되는 것이니 간단히 해볼 수 있는 것 중 하나이다.

역 호흡법은 기가 단전으로 들어갈 때(숨을 들이쉴 때) 복부의 근육이 수축되고 복부가 축소되면 기가 단전에 도달할 때를 기다려 동시에 기를 호출하는 동작을 하여 복부근육이 점차 펴지게 하여 복부가 팽팽하게 일어나게 한다. 동작과 순 호흡이 상반되는 까닭에 역 호흡법이라고 부른다. 이런 호흡을 할 때 늑간근과 협근과 복근의 운동량이 비교적 많아지고 복근과 흉강의 음압이 증가하여 호흡에 변화를 일으키고 몸을 튼튼히 하고 병을 치료하는 효과가 비교적 좋다. 단 기공 수련 시 쉽게 나타나는 가슴이 답답하고 배가 더부룩하고 어지러운 증상들이 나타나기 쉬우므로 기공 지도자에게 구체적으로 지도를 받아 진행하는 것이 가장 좋다.

일반적으로 초보자나 고혈압, 심장 혈관 계통 환자는 순 호흡이 가장 좋다. 심장이 하수(下垂)된 환자 혹은 병이 없는 사람이나 몸을 튼튼히 하고자 하는 사람은 역 호흡법으로 수련할 수도 있다.

③ 호흡의 목적에 따른 분류

가. 자연호흡(自然呼吸: Normal breathing)

자연호흡은 호흡을 의식하지 않은 평상시의 호흡을 말한다. 자연호흡은 사람에 따라서 다르다. 일반적으로 성인은 평상시에 흉식 호흡을 하는 것이 보통인데 이 경우는 평상시에 자기도 모르게 하는 흉식 호흡이 자연호흡이라고 할 수 있다. 따라서 오랜 기간 동안 호흡 수련을 하여 그 수련한 호흡이 평상시의 호흡으로 변화하였다면 수련으로 평상화되어 진 그 호흡이 그 사람의 자연호흡이 되는 것이다. 갓 태어나서부터 서서 걷기까지의 어린아이의 호흡은 복식호흡을 한다. 이 경우에는 복식호흡이 자연호흡이다. 사람이 점차 자라면서 호흡이 점차 가슴으로 올라오고 아주 늙어져서 기력이 쇠하면 어깨까지 올라와 나이가 많은 병중의 노인들 중에는 어깨를 들썩이며 호흡을 하는 경우는 호흡이 어깨까지 올라간 것을 의미한다. 우리가 보통 생명을 다하는 것을 목숨이 끊어진다고 하는데 이는 호흡을 기준으로 해서 보면 그 호흡이 결국에는 어깨를 지나 목의 부분까지 올라왔다가 결국 호흡이 멈춰서 사망에 이르는 것이다. 결국 사람은 무의식으로 이루어지는 호흡, 즉 자연호흡에 대하여 평소 관심을 갖고 수련해야할 필요가 있다.

나. 단전호흡(丹田呼吸: Danjeon breathing)

단전(丹田)은 동양의학과 전통 수련에서 매우 중요한 개념이다. 동양의 인간 과학, 즉 의학, 생리, 체육 등의 학문의 근거를 이루는 기론(氣論)이라고 달리 표현하는 음양론(陰陽論)이 이론적 근간을 이루고 있다. 단전은 인체 내에 생명의 근원인 기(氣)가 출입하고 저장되는 곳을 의미한다. 단전호흡은 광의(廣義)적인 의미로는 생명의 근원적인 질(質)을 향상시키기 위한 호흡 수련을 총칭한다고 할 수 있다. 동양의 잔통 체육이라고 할 수 있는 기공, 즉 태극권 요가, 오금희, 팔단금, 역근경 등의 수련에 동작과 의식과 함께 수련하는 호흡은 모두 단정호흡이라고 할 수 있다. 협의(俠義)적인 의미로는 주로 단전에 의식을 강하게 의념(疑

念)하여 행하는 호흡 수련을 의미한다. 단전에 강하게 의념을 하는 호흡 수련을 통하여 내기(內氣)가 강해지고 전반적인 생명력이 증진된다. 단전호흡은 생명력의 질을 높이고, 기능을 강화하려는 호흡 수련이라고 정의 할 수 있다.

a. 도가(道家)의 내단(內丹)

도가의 내단 수련은 동양에서 인식하는 몸의 기(氣)인 정(精), 기(氣), 신(神)을 약(藥: 원료)으로 하고 호흡(呼吸)을 용광로의 불(爐)로 보아 호흡의 강도와 시간을 조절하고(火候) 시간을 조절하여 단전(丹田: 鼎)에서 양질의 기(氣: 丹)를 형성하여 그 형성된 기, 즉 단(丹)을 우선 임맥(任脈)과 독맥(督脈)으로 유통시켜(小周天) 생리대사를 원활하게 하고, 이를 다시 전신(全身)으로 돌려서(大周天) 완전한 건강 상태에 이르게 하여 마치 신선(神仙)과 같아지려는 수련 방법론이다. 이 내단이론이 호흡을 활용하여 수련하는 동양 수련의 보편적인 이론이다. 내단 수련에서 행하는 호흡 또한 단전호흡이라고 할 수 있다.

b. 요가(Yoga)의 호흡법

요가수련에서 호흡의 중요성은 매우 크다고 할 수 있다. 요가호흡법을 프라나야마라고 부르는데 프라나야마(Prānayama)는 '프라나 (Praāna) '와 '아야마 (āyāma) '또는 '야마 (yaāma) '라는 단어의 조합으로 되어 있는데, 'Prāna'는 에너지, 기(氣),생명력의 원천을 뜻하며, 아야마(āyāma)는 확장, 팽창, 늘어난다는 뜻과 야마(yāma)는 억제, 조절한다는 의미가 복합된 뜻이라 볼 수 있다.

ㄱ. 호흡하는 행위에는 네 가지의 명칭이 있다.
1. 뿌라카(pūraka) 들숨이라 하며 숨을 들이쉬는 행위
2. 안따르 쿰바카(antar kumbhaka) 들숨을 하고 난   뒤 숨을 멈추는 행위
3. 레짜카(recaka) 날숨이라하며 숨을 내쉬는 행위
4. 바히야 쿰바카(bāhya kumbhaka) 날숨하고 난 후 숨을 멈추는 행위

ㄴ. 쿰바카(Kumbhaka)

쿰바카(Kumbhaka)는 항아리, 단지, 주전자를 의미하는데 호흡법에 있어서는 숨을 멈추는 행위 지식(止息)호흡을 말한다. 그러나 숨을 멈추는 것이 아니고 프라나(Prana)를   의식을 집중하는 곳으로 순환 한다는 뜻이며 프라나야마(호흡법)을 하기위해 필수적인 요소이며 동

일한 의미이기도 하다.

ㄷ. 반다(Bandha)

반다 트라야(Bandha traya)라고도 하며 '조으다' '잠그다' 라는 뜻으로 목, 복부, 항문 세부분을 수축하는 기법을 뜻한다. 반다의 종류에는 세 가지가 있다.

1. 잘란다라 반다(Jālandhara Banddha) ~ 턱을 가슴 흉골 가까이 붙여 숨을 멈추는 동작으로 들어간 숨을 내부로 강하게 순환시키기 위해 목의 통로를 닫는 행위이다.
2. 우디야나반다(Uddiyāna Banddha) ~ 복부를 뜻하며, 숨을 내뱉은 후 복부를 등쪽으로 당겨 숨을 멈추는 동작.
3. 물라반다(Mūla Banddha) ~ 회음부 주변을 뜻하며, 항문 괄약근이나 자궁경부를 수축하여 잠그는 행위를 통해 에너지를 효율을 높이고자하는 행위.

ㄹ. 나디(nādi)

기(氣)가 흐르는 통로이며 생명의 기운, 즉 프라나(Prana)가 순환하는 통로이다. 동양의학에는 경락(經絡)이라는 것을 통해 설명하고 있고, 나디(nādi)는 챠크라를 중심으로 순환하는 것을 의미한다. 인도의 의학인 아유르베다 에서는 72,000개의 나디(nādi)가 있다고 한다. 그 중 중요한 나디(nādi)는 이다(Ida), 핑갈라(Pingala),수슘나(Sushumna)로 가장 중요하게 여기는 나디(nādi)이다.

1. 수슘나(Sushumna) ~ 척추의 중앙을 타고 흐르는 기의 통로이다. 생명에너지인 프라나(prana)는 수슘나를 통해 상승과 하강을 한다. 수슘나를 중심으로 오른쪽은 핑갈라(Pingala)의 양의 기운이 흐르고, 왼쪽은 이다(Ida)의 음의 기운이 흐른다. 프라나는 이다와 핑갈라를 나선형으로 번갈아 상승,하강 한다고 한다.
2. 이다(Ida) ~ 수슘나의 왼쪽으로 흐르는 에너지 통로이며 왼쪽을 뜻한다.
3. 핑갈라(Pingala) ~ 수슘나의 오른쪽 에너지 통로이다. 수리야 나디(양의통로)라고도 한다.

요가수련에 있어 호흡법의 의미는 氣의 흐름을 말하는 프라나야마(pranayama)와 숨을 멈추는 형태인 쿰바카(kumbhaka)호흡이 대표적이며 프라나야마와 쿰바카는 넓은 의미에서는 같은 의미이기도 하다.

c. 명문(命門) 호흡,

명문(命門)은 독맥(督脈)의 요혈로서 2번과 3번 요추 사이에 있는 경혈이다. 경혈의 이름에서 짐작할 수 있듯이 동양의 의학과 몸학에서는 대단히 중요한 경혈로 인식하며 수련에서는 삼단전 이외의 단전으로 여기기도 한다. 명문(命門)호흡은 명문에 의념(意念)을 강하게 두고 하는 호흡으로 명문으로 기(氣)가 드나든다고 의념 한다. 대개 허리를 곧추 세울 때는 명문에 강하게 힘을 주어 안쪽으로 긴장해야 하는데 명문호흡을 장기간 수련하였을 경우 평상시에도 허리가 바르게 세워지는 효과를 걸을 수 있다. 일부 수련 단체에서 행하는 석문(石門) 호흡도 명문호흡과 그 쓰이는 의미는 같다.

6. 선무예(仙武藝)의 작용

노약자들이 선무예 수련을 통하여 병세가 악화되는 것을 막고 병세가 호전되거나 완치되며 노동력을 회복한 것을 볼 수 있는데 이는 선무예 수련이 질병의 예방에 효과적이라는 것을 말해준다.

1) 선무예(仙武藝)는 정기(正氣)를 돕고, 사기(邪氣)를 제거시킨다.

선무예 수련이 병을 예방하고 회복할 수 있는 근본적인 원인은 체질을 증강시키고 원기를 도와주며 병사에 저항하는 능력을 높이는 데 있다. 동양의학에 의하면 "기는 혈의 통수이다. 기가 운행되면 혈이 운행되고 기혈이 막히면 병이 생기고 기혈을 통하면 백병이 저절로 낫는다."라고 하였다.

기에는 우주의 천지지기와 인체중의 선천지기 및 후천지기가 포함되어 있으며, 다음과 같은 두 가지 뜻이 내포되어 있다.

첫째는 인체를 구성하며 인체의 생명활동을 유지하는 수곡지기, 호흡지기 등 정밀한 물질이며, 둘째는 장부지기, 경락지기 등 오장육부 조직의 생리적 기능이다. 그러나 상호연계 되며 전자는 후자의 물질적 기초가 되고 후자는 전자의 기능의 표현이다. 기(氣)는 경락계통을 따라서 전신에 운행되며 안으로는 오장에 통하고 밖으로는 사지관절에 이르러 근육 장부를 따뜻하게 하고 근골모피를 윤택하게 하여준다. 기(氣)는 인체의 생명활동의 근본적 동력이다. 기(氣)는 비록 볼 수도 없고 만질 수도 없지만 그것은 인체에 대하여 아주 중요한 작용을 한다. 선무예은 바로 이런 기를 단련하는 것이다. 이를 근거로 한의학은 부정거사(不正拒邪)를 기초로 하여 병을 예방하고 치료하는 원칙으로 삼고 있다. 암을 치료할 때의 수술, 방사선 치료, 화학치료가 사기의 제거 작용을 한다면 선무예은 정기를 돕는 작용을 하는 것이다. 일부 암환자들이 선무예을 통하여 종양이 작아지고, 더 나아가 없애기도 하는 것은 선무예을 통하여 암세포를 없애버린 것이 아니라 유기체의 저항력을 증강시켜 부정거사 함으로써 건강이 회복된 것으로 볼 수 있다.

2) 선무예(仙武藝) 수련은 마음의 긴장(緊張)을 풀어준다.

사람의 정신은 질병과 아주 밀접한 관계가 있어 항상 유쾌하고 낙관적인 사람은 병에 잘 걸리지 않고 걸렸다 해도 잘 낫지만 정신적으로 늘 긴장해 있거나 우울한 사람은 병에 쉽게 걸린다.

동의보감에는 "노여워하면 간(肝)을 상(傷)하고", "기뻐하면 심(心)을 상하며", "우울하면 비(脾)를 상하고", "슬퍼하면 폐(肺)를 상하며", "놀라면 신(腎)을 상한다."고 기재되어 있다. 이것은 사람의 정신상태가 직접 내장기관에 영향을 미친다는 것을 말하는 것으로 현대적 과학실험으로도 이를 증명할 수 있다. 정신상의 긴장상태는 사람의 생리적 영향을 미칠 수 있으며 사회 및 자연환경은 유기체로 하여금 그에 대처할 반응을 일으키게 한다. 이 때에는 아드레날린의 분비가 증가되고 호흡과 심장박동이 빨라지며 혈관이 수축되고 혈압이 높아지며 혈당이 증가할 수 있다.

이런 긴장상태가 오랫동안 지속되면 필연코 어떤 질병에 걸릴 수 있다. 그러나 선무예 수련을 할 때면 의식적으로 각종 잡념을 없애고 정신, 육체적으로 안정되어 전신이 이완상태에 처해 있게 된다. 사람이 이완상태에 있으면 교감신경의 활동이 약해지며 혈관의 긴장이 풀려 혈압이 내려가고 호흡이 느려지며 혈액내의 헤모글로빈이 증가한다. 그리고 혈장내의 호르몬 농도가 높아지며 뇌전도가 변화한다.

이와 같이 여러 가지 선무예 수련에서 불량한 정서의 영향을 없애버리고 또 외부 자극에 대한 반응을 감소시키면 인체는 심리적, 생리적, 생화학적 최적 상태에 처하게 되며 대뇌피질이 유기체의 휴식, 회복, 조절에 유리한 조건을 마련해줌으로서 신체의 건강을 유지·증진시킬 수 있다.

3) 선무예(仙武藝)는 경락(經絡) 소통과 기혈(氣血)을 조화시킨다.

경락(經絡)이란 전신의 기혈이 운행되어 장부, 사지, 신체의 상하 내외로 연락하며 체내의 각 부분을 조절하는 통로이다. 인체는 전신에 분포되어 있는 경락을 통하여 오장육부, 사지백해, 관규, 근맥 등 조직기관을 한데 연결시켜 유기체를 통일된 정체로 형성한다. 수련 시에 손발이나 전신의 특정 부위가 시큼하고 저리며 붓고 뜨거워지는 등의 느낌을 느끼거나 또한 부위에 따라 더운 느낌의 흐름이 경락노선을 따라 이동되는 감을 느낀다. 특히 진기(眞氣) 운행법을 할 때 임맥(任脈)과 독맥(督脈)이 통할 때에는 이러한 현상을 더 느낄 수 있다. 한의학에서는 "통(通)하면 아프지 않고 통하지 않으면 아프다"라고 인정한다. 선무예 수련은 바로 경락을 통하게 하기 때문에 동통이 제거되고 진기가 전신에 잘 운행되는 데서 건강을 증진시킬 수 있다.

험에 의하면 수련 시에 손의 피부온도가 2~3도 높아지고 노궁혈의 온도가 2.8도 높아지며 또한 손의 혈관이 확장되어 혈관의 용적이 커지며 혈관의 투과성이 현저히 개선된다. 또한 말초혈관의 혈류량이 증가되며 혈장 내의 도파민과 β-히드록실라제 합성이 하강되며 호산성 과립세포가 좀 증가되며 적혈구와 헤모글로빈이 많아지고 백혈구의 침식작용이 높아져 혈장 내의 코르틴의 분비량이 절반 정도 감소된다.

이와 같은 결과로 선무예 수련은 경락을 소통시키고 기혈을 조절하며 진기를 기르고 인체의 면역력을 증강시키는 데서 병의 예방과 회복할 수 있는 것이다.

4) 선무예는 대뇌피질을 억제상태에 있게 한다.

동양의학에서는 인간의 정서활동인 기쁨, 노여움, 근심, 생각, 슬픔, 두려움, 놀라움, 칠정(七情)이 있다고 한다. 일반적인 상황에서는 생리적 활동범위에 속하여 병을 일으키지 않지만 오랫동안 정신자극을 받거나 갑자기 심한 충격을 받으면 생리적 활동이 교란되면서 정상적인 범위를 초과하므로 음양, 기혈, 장부의 기능이 상실되어 병을 일으킨다.

사람의 정서(情緒) 반응은 신경계통, 내분비계통의 기능과 밀접한 관계가 있다. 정신상태가 양호하고 적극적이면 정력이 왕성하고 정신과 육체노동의 효율이 높아질 수 있다. 이와 반대인 정서 상태에 있으면 전신이 무력하고 심장이 빨리 뛰며 신경이 문란해지는데서 병이 생길 수 있다.

만약 정서 상태가 일정한 조건 하에서 지나치게 과도하게 되면 이것은 질병을 일으킬 수 있는 주요한 원인이 될 수 있다. 사람들이 생활하는 가운데서 나쁜 자극이나 심한 피로로 인하여 대뇌피질이 항상 흥분된 상태에 있게 되면 흥분과 억제의 균형이 상실되어 신체의 생리적 기능이 장애를 받아 병이 생길 수 있다.

선무예 수련은 신경계통의 작용을 조절할 수 있다. 그것은 수련 시에는 정신상에서의 잡념을 없애고 전신의 근육과 관절을 이완시키기 때문에 정신상 및 육체상에서 오는 긴장이 감소되기 때문이다.

5) 선무예는 기초대사율을 낮추어 준다.

기초대사란 안정상태에서 심장이 박동하고 숨을 쉬며 각 기관이 활동하여 생명을 유지하기 위해 소모되는 에너지를 말한다. 대사율이란 사람의 에너지의 대사정도를 가리킨다. 사람은 안정상태에서 심장, 호흡, 소화 등 내장활동이 가장 낮으며 체력과 뇌의 활동도 낮다.

자료에 의하면 수련시의 산소 소모량은 수련전보다 30%감소되고 에너지 대사는 약20%감소되며 심지어 깊은 수면상태에 있을 때보다 더 낮아진다. 수련시의 호흡 빈도와 매분간의 기체 통과량도 감소된다.

선무예 수련은 사람으로 하여금 대뇌의 기능을 높임과 동시에 기초대사율을 낮추며 심지어 기초대사율을 보다 더 낮출 수 있다. 따라서 에너지의 저장 능력이 높아진다.

6) 선무예 수련은 소화와 흡수를 돕는다.

사람들이 살아가기 위해서는 에너지가 필요하다. 이런 에너지는 음식물에서 나온다. 음식물은 소화기계통을 통하여 소화흡수된 후 인체에서 필요로 하는 에너지로 공급된다. 음식물의 소화를 촉진시키자면 소화액의 분비를 증가시켜야 한다. 선무예 시에는 횡격막의 운동이 증가되고 배 근육의 수축이 증가함으로써 복강 내에 있는 위, 소장, 대장 등 소화기관들의 운동이 증가하게 된다. 선무예 시에는 타액과 위액분비가 모두 현저히 증가된다. 위액의 주요 성분은 염산과 펩신인데 이것들은 주로 음식물을 소화시키는 작용을 한다. 선무예 수련은 위액분비를 촉진하는데 이는 횡경막의 상하 이동에 의한 기계적 작극과 관련된다. 그리고 소화선에 혈액순환이 잘되고 신진대사가 항진되며 산소가 많이 공급되기 때문에 소화액 분비가 많아진다.

또한 배의 근육과 횡격막의 운동에 의하여 위, 간장, 췌장 등이 직접 작극을 받아 소화선의 분비를 조절하며 음식물의 소화와 흡수를 촉진하고 대장과 소장의 연동을 빠르게 하여 분비를 완화시킨다. 때문에 선무예 수련을 하면 소화기관의 운동기능이 증가되며 소화액의 분비도 증가되는데, 만성위염, 위궤양, 십이지장궤양, 위하수, 만성대장염, 습관성변비 등 질병을 치료할 수 있다.

7) 선무예는 잠재력을 충분히 발휘시켜준다.

평상시에 신체활동이 적은 사람은 일하거나 활동하면 숨이 차고 곧 피로를 느끼지만 항상 운동을 통한 신체활동을 하거나 선무예을 하는 사람은 이런 현상이 없다. 그러나 몸이 허약하고 항상 맥이 없는 사람이 선무예을 시작하면 며칠이 안 되어 정신이 안정되고 정력이 왕성해지며 기운이 나는데 이것은 선무예훈련을 거쳐 인체가 갖고 있는 잠재력이 발휘되기 때문이다. 실험에 의하면 인체에 내포되어 있는 많은 잠재력은 평상시에는 잘 발휘되지 않고 있다. 이를테면 대뇌신경세포는 140여 억 개나 되지만 항상 활동하는 것은 10여 억 개 밖에 안 되며 그리고 또 약 80~90%의 신경세포는 제대로 그 작용을 잘 발휘하지 못하고 있다. 그 중 몇 만개의 신경세포에 고장이 생겼다 하더라도 신경계통은 여전히 정상적인 작용을 할 수 있다.

인체의 1mm2의 횡단면적에는 약 2,000갈래의 모세 혈관이 있지만 안정상태에서는 그 가운데 5갈래 정도 밖에 혈액이 통과하지 않는다. 그러나 운동 시에는 200갈래의 모세혈관에 혈액이 통한다. 다시 말하면 인체의 90%가량 되는 모세혈관은 예비상태에 놓여 있다. 체중이 70kg되는 사람의 모세혈관을 한데 이어놓으면 약 4만km나 된다. 이렇게 인체에 미세하게 분포된 혈관망은 마치 전신에 널려 있는 수 백 만 개의 아주 작은 심장과도 같다. 만약 전신의 이런 모세혈관이 그의 작용을 충분히 발휘하기만 하면 그것은 인체의 생명에 대하여 필연코 거대한 작용을 하게 될 것이다. 그리고 또 사람의 폐는 7억 5 천여 개의 폐포(肺胞)가 있으며 호흡면적은 130m2이다. 그런데 보통 사람들은 이렇게 많은 폐포를 다 사용하지 못하고 있다. 더욱이 평상시 규칙적인 운동을 하지 않는 사람은 많은 폐포가 위축되어 조금 일하거나 활동하여도 숨이 차고 피로한 감을 느낀다. 그러나 선무예을 하면 폐활량이 현저히 증대되며 혈관용적이 현저히 증가되는데 이는 선무예단련이 사람들의 잠재력을 충분히 일깨워 준다는 것을 증명하고 있다. 특히 인체의 각 조직과 세포는 모두 끊임없이 신진대사를 진행하여 부단히 산소를 소모하고 탄산가스를 생산하며 낡은 것을 내보내고 새 것을 받아 들여야 한다. 그러기 위해서는 숨을 쉬어야 한다. 숨을 쉬면 공기는 폐에 들어가서 기체교환을 진행한다.

호흡에는 외호흡과 내호흡이 있다. 기체교환은 외호흡 시에 폐포 벽을 통하여 혈액과 공기 사이에서 진행된다. 조직 내에서는 혈액과 조직 간에서 기체교환이 진행되는데 이를 내호흡이라 한다. 내호흡은 조직의 신진대사 즉 생명현상과 관계되므로 한 순간이라도 정지되어서는 안 된다. 폐환기량을 증가시키려면 선무예을 하여 모든 폐포가 다 호흡에 참가하도록 해야 한다. 안정 시에는 폐환기량이 1분간에 8㎖이지만 선무예을 하면 12㎖까지 증가시킬 수 있다. 이는 산소공급에 아주 유리한 조건이 되는 것이다.

선무예 수련시의 호흡은 횡격막과 배의 근육을 비교적 크게 수축시키며 동시에 흉부의 공기용적을 확대시킨다. 흡기(吸氣) 시에는 횡격막이 아래로 3~4㎝ 내려가는 데서 흉곽이 용적을 1,000~1,200㎖로 증가시킬 수 있다. 보통 호흡(呼吸) 시에는 공기의 양이 500㎖ 밖에 안 되지만 힘껏 숨을 들이 쉴 때에는 흉곽내의 공기량이 3,500㎖까지 달한다. 그러므로 선무예 시에는 폐의 환기량을 5,000~7,000㎖로 늘릴 수 있다. 그러므로 선무예 시에는 천천히, 가늘게, 깊게 하는 호흡을 하면 폐의 환기량을 증가시켜 더 많은 산소를 공급받으면서 많은 양의 탄산가스를 밖으로 내보내게 된다. 이리하여 신진대사를 항진시키고 몸을 건강하게 할 뿐만 아니라 기관지염, 기관지천식, 폐결핵 등 호흡기 계통의 만성질병을 치료할 수 있다.

이외에 선무예 수련은 호흡운동을 통하여 혈액순환을 촉진시키며 신진대사과정을 항진시킬 수 있다. 보통 심장이 수축할 때 대동맥으로 나가는 혈액량은 50~60㎖밖에 되지 않지만 운동을 할 때는 80~100㎖에 달한다. 그러므로 선무예은 혈액순환을 촉진할 뿐만 아니라 모세혈관을 확장시키고 탄력성을 증가시키므로 혈관내압이 조절되어 혈압을 내릴 수 있다. 그리고 임파액은 혈액으로부터 오는 영양분과 산소를 조직세포에 공급한다.

세포대사 산물은 임파관을 통하여 나간다. 임파액의 이동은 주로 평활근이 수축하는 압력에 의하여 진행된다. 선무예을 하면 임파액의 순환을 촉진시킬 수 있다. 때문에 선무예 할 때 흔히 말초 모세혈관들이 충혈되는 것을 볼 수 있으며 따뜻한 감을 느끼게 된다. 그리고 혈액 내에 있는 백혈구, 적혈구, 헤모글로빈이 현저히 증가된다.

Ⅳ. 고대의 실천적 선무예(仙武藝)

1. 고대 국가의 제천의식

중국의 후한서에 기록된 우리 민족에 대한 기록을 다시 살펴보자.

> 其人麤大彊勇而謹厚, 不爲寇鈔, 以弓矢刀矛爲兵, … 食飮用俎豆, 會同拜爵洗爵,
>
> 揖讓升降, 以臘月祭天, 大會連日, 飮食歌舞, 名曰'迎鼓'

그 나라 사람들은 체격이 크고 굳세고 용감하며 근엄 후덕하여 다른 나라를 쳐들어가거나 노략질하지 않는다. 활, 화살, 칼, 창으로 병기를 삼으며… 음식을 먹고 마시는 데는 조두를 사용하며, 회합(會合) 시에는 배작(拜爵), 세작(洗爵)의 예(禮)가 있고, 출입(出入) 시에는 읍양(揖讓)의 예가 있다. 랍월(臘月)에 지내는 제천행사에는 연일 크게 모여서 마시고 먹으며 노래하고 춤추는데 그 이름을 영고(迎鼓)라 한다.

위는 부여(夫餘)의 제천의식인 영고(迎鼓)에 대한 중국 역사서의 기록이다. 영고(迎鼓)는 한(하늘) 민족의 축제이다. 그들이 묘사한 우리 민족은 노래하고 춤추되, 예(禮)가 있고, 용감하되, 다른 나라를 쳐들어가거나 노략질하지 않는다고 하였다.

고구려의 제천의식인 동맹(東盟)에 관한 기록은 위지(魏志) 후한서(後漢書) 등에 처음 보인다. 후한서에는 '10월에 하늘에 제사하고 대회(大會)하니 이름 하여 동맹이라 한다. 그 나라 동쪽에 대혈이 있는데 수신이라 부르고, 역시 10월을 맞아서 하늘에 제사한다.'고 기록하였다(국사편찬위원회,1987). 위지 동이(東夷)에도 '5월에 씨뿌리기를 마치고 난 뒤와, 10월에 농사를 마치고 나서도 하늘에 제사했다'는 기록이 있다. 동맹은 고려의 국가적인 제천행사인 팔관회(八關會)로 계승되었음을 송사(宋史) 등의 기록에서 알 수 있다.

상고시대 예(濊)에서 행했던 제천의식(祭天儀式)이 무천(舞天)이다. 농사를 마치고 해마다 음력 10월에 택일하여 높은 산에서 공동으로 큰 제사를 지내고, 춤과 노래로 즐겼다. 이것은 부여(夫餘)의 영고(迎鼓), 고구려의 동맹(東盟)과 같이 하늘과 태양에 대한, 일종의 추수감사제(秋收感謝祭)의 성질을 띤 제천의식으로 부락민 사이의 친목을 도모하고 하늘을 그리워하며 즐기기 위한 풍속으로도 볼 수 있다. 《위지(魏志)》의 〈동이전(東夷傳)〉에 〈항상 시월에는 밤낮으로 술을 마시고 춤을 추는데 이것을 무천이라 한다(常用十月祭天 晝夜飮酒 歌舞 名之舞天)〉고 한 것은 이를 말한 것이다.

이와 같은 고대 국가의 제천의식은 한(하늘) 민족으로서의 본질적(本質的)인 본성(本性)의 발로라고 할 수 있다. 곧 이것이 풍류(風流)의 의식이며 선도(仙道)의 행사라고 할 수 있다.

2. 신라의 화랑도(花郎徒)

화랑도(花郎徒)는 화랑세기에 의하면 선무예 수련을 하는 무리이다. 화랑도는 국선도(國仙徒), 낭도(郎徒), 원화도(源花徒), 풍류도(風流徒), 풍월도(風月徒), 향도(香徒)라고도 한다. 단체정신이 매우 강한 청소년집단으로서 교육적·군사적·사교단체적 기능을 가지고 있다고 할 수 있다. 이 단체의 지도자를 흔히 화랑(花郎)이라 하는데, 화랑은 일명 국선(國仙), 선랑(仙郎), 풍월주(風月主), 화주(花主)이라고도 한다. 풍월주는 각 곳을 다니며 수련하므로 바람과 달의 주인이라는 뜻에서 이렇게 불렸다.

삼국지(三國志) 후한서(後漢書) 등에 의하면 삼한시대(三韓時代)에 이미 마을 청소년들이 그들 고유의 집회소를 가지고 있었으며 견디기 힘든 시련행사를 즐겁게 받았다고 한다(국사편찬위원회,1987). 화랑도는 신라 고유의 신분제도인 골품제도와 같은 혈연주의 원리에 입각하여 만들어진 단체가 아니라 혈연을 초월하여 자신들의 의사에 의하여 결성된 일종의 결사체로 일정한 기간을 정해 놓고 단체생활을 하였다. 이 기간 동안 구성원들은 경주 부근의 남산이나 금강산·지리산 등 명승지를 찾아다니면서 국토에 대한 애착심을 기르는 한편 도의(道義)를 연마하였다. 화랑도는 이러한 조직과 수양을 통하여 독특한 기질과 기풍을 지녔다. 즉 위로는 국가를 위하고 아래로는 벗을 위하여 죽으며, 대의(大義)를 존중하여 의에 어굿나는 일은 죽음으로써 항거하고, 국가를 위하여 용감히 싸우다가 전사함을 찬양하며, 오직 앞으로 나갈 뿐 뒤로 물러섬을 부끄럽게 여겨 적에 패하면 자결 할망정, 포로 됨을 수치로 아는 등 장렬한 기백과 씩씩한 기상을 함양하였다.

화랑도는 그 독특한 무사도로 유명하다. 삼국사기에 의하면 이 시기에는 화랑뿐 아니라 낭도나 일반 명사들까지 국가를 지키기 위해서는 목숨을 아끼지 않는다는 무사도 정신으로 가득 차 있었으며 화랑 출신의 장군들이 모범을 보였다. 660년 김유신(金分信)장군 인솔 아래 백제를 공격할 때 신라군의 사기를 드높인 화랑 관창(官昌)·반굴(盤屈)의 용맹과 672년 김유신의 아들인 화랑 원술(元述)이 석문전투(石門戰鬪)에서 당나라 군사와의 싸움에서 보여준 용맹함은 널리 알려져 있다(최호,2001). 진평왕 때 원광법사(圓光法師)가 제정한 세속오계(世俗五戒)는 신라 화랑의 지도이념을 잘 나타내고 있다. 충(忠 ; 事君以忠)·효(孝 ; 事親以孝)·신(信 ; 交友以信)·용(勇 ; 臨戰無退)·인(仁 ; 殺生有擇)의 5계 가운데 그들이 특히 소중하게 여긴 덕목은 충과 신으로서, 이것은 시대적으로 화랑도의 제정부터 삼국통일까지가 신라 역사상 국난기였던 것과 관련이 깊다. 화랑도는 삼국항쟁이 치열하게 전개되기 시작한 진흥왕 때 제정되어 삼국통일을 이룩할 때까지 크게 활기를 띠었다.

한편 화랑도의 수련에서 빼놓을 수 없는 노래와 춤은 화랑도의 인격 형성, 나아가 세계관 형성에 놀이가 큰 역할을 하였음을 알 수 있다. 최치원(崔致遠)의 난랑비서(鸞郎碑序)에는 풍류도라는 고유의 가르침이 있어 화랑도는 그 가르침을 받들어 수련한다고 하여, 자유스러움과 호방함을 보여주는 선풍(仙風)과 유교·불교·도교의 3교를 포괄하여 이루어진 풍류도가 화랑의 기풍과 정신세계의 한 바탕이 되었음을 나타내고 있다.

신라의 화랑도(花郎道)정신은 바로 이러한 풍류사상을 기반으로 하여 이루어진 것이며 화랑도를 바로 풍류도(風流道)라 하기도 하고, 우리 고유의 선도(仙道)의 수련 단체이며 그 사상은 부도지에서 다짐하는 수증(修證)에서 비롯되었다고 할 수 있으며, 달리 풍류사상이라 하기도 한다. 이러한 사상이 고려·조선시대로 이어지면서 지성(知性)적으로는 선비정신을 낳게 했고 예술 문화적으로는 장(匠)의 정신으로 이어져 선(線)으로 가락(歌樂)으로 여백(餘白)으로의 한국미(美)를 창조해내는 동력이 되기도 하였으며, 지금의 한류(韓流)로 이어진 것이다.

3. 고구려의 조의선인(皂衣仙人)

조의선인(皂衣仙人)이란 '검은 빛깔의 조복(皂〈검은 비단 조, 검을 조, 사실은 白밑에 十 또는 七임〉服)을 입은 선인'이란 뜻으로 선배 또는 선비라 불렀다. 선배는 고구려의 10월 제천행사에 모인 군중 앞에서 무예를 선보인 데서 비롯되었고, 선인(先人 또는 仙人)은 선배의 이두(吏讀)식 표기이다. 사냥과 가무, 무예 등의 여러 경기에서 승리한 사람을 선배라 불렀고 이들은 국가에서 급료를 받아 생활하면서 무예와 학문을 갈고 닦았다. 전시에는 이들이 자체부대를 조직하고 전장에 나가 정예군으로 활동했다. 선배는 머리를 짧게 하고, 검은 옷을 입었으므로 전형적인 무사를 연상시킨다. 선배는 화랑보다도 훨씬 오래되었다.

화랑은 원화(源花)라는 여성에서 비롯되어 나중에 좋은 가문의 청년 중에 덕행 있는 자를 곱게 치장하여 화랑으로 만든 것에서 보듯이 외모와 몸치장을 중시하여 여성적인 반면 선배는 매우 남성적이다. 선배의 독특한 외양 때문에 고구려와 전쟁을 하였던 수, 당의 병사들은 이들을 승군(僧軍)으로 착각하기도 했다. 그래서 고구려를 숭상(崇尙)한 고려의 최영 장군조차 '당이 30만 대군으로 고구려를 침략하나 고구려는 승군(僧軍) 3만을 내어 이를 대파하였다.'라고 선배를 찬양하였다. 고려도경(高麗圖經: 원명은 화봉사고려도경(宣和奉使高麗圖經)송(宋)나라 휘종(徽宗)이 고려에 국신사(國信使)를 보낼 때 수행한 서긍(徐兢)이 송도에서 보고들은 것을 그림을 곁들여서 기록한 책)에 나오는 재가화상(在家和尙)은 선배의 후예로 알려져 있다.

조의선인의 눈부신 활약이 기록으로 보이는 것이 안시성 전투였다. 당태종의 당군(唐軍)은 요동의 여러 성들을 차례로 함락시키고 많은 공성기구(攻城機具)를 사용해 안시성을 맹렬히 공격했지만 고구려군의 완강한 저항으로 실패했다. 그래서 당태종은 60일 동안 50만을 동원하여 성을 내려다보고 공격하기 위해서 성의 동남쪽에 높은 토산을 쌓게 했는데 토산이 무너져 안시성 성벽을 치는 바람에 성벽 일부가 붕괴되어 매우 위태로운 상황이 되었다. 이때 고구려군 결사대가 일제히 돌격하여 당(唐) 군을 물리치고 토산을 점령해 버리고 주변을 깎아 나무를 쌓아 불을 놓고 지키니 얼씬도 못했다고 한다. 기록은 이 장면을 '이때 성안에서 검은 옷을 입은 백 명의 용사가 뛰어나와 천장의 거미줄을 걷어내듯 당나라 2만 기병을 산 아래로 팽개치고는 오히려 토산을 차지해 버렸다(최호,2001).'라고 적고 있다. 이 검은 옷의 용사(勇士)들을 조의선인이라 부른다. 당시 고구려의 조의선인은 3만여 명에 달했고, 그 수장은 연개소문이었다고 한다.

조의선인은 선비제도라는 특별한 교육체계에 의해 양성되는 문무겸전의 인재들이다. 이들은 대체로 유년의 어린 나이에 선발되어 신체발달에 부응하는 매우 정교한 지적, 정서적, 신체적 훈련과 교양을 통하여 보다 완벽한 심신의 능력을 갖게 된다. 조의선인은 누구보다도 사물과 현상을 깊이 인식하고, 그것들이 부딪치는 문제의 실상을 정확히 파악하며, 이를 해결할 심리적, 물질적 능력을 갖도록 조련된다. 을파소나 명림답부, 을지문덕 등 역사에 이름을 남긴 이들도 모두 조의선인들이었고, 우리 문화전통에서 말하는 선비란 바로 이들이 가지고 있는 덕성과 실천력에 뿌리를 두고 있다.

고구려 제22대 안장왕(安臧王)때의 조의선인으로 선발되었던 을밀선인(乙密仙人) 문하에는 조의선도 3,000명이 다물방지가(多勿邦之歌)를 부르며 심신을 수련했다고 한다. 단군조선의 국자랑(國子郎) 혹은 천지화랑제도가 고구려에 와서는 조의선인 제도로, 백제에서는 무절(武節-일본의 사무라이(武士)로 이어짐)로 발전했으며, 신라에서는 화랑도로 이름이 바뀐 것이다. 하였으나 조의의 이름이 태조왕 본기에 처음으로 보였으니 그 창설이 태조, 차대 두 대왕 때가 됨이 옳다(지승,1996).

조의선인은 고구려의 복본(復本)의식을 갖고 수증(修證)하는 우리 고유의 선도(仙道) 수련단체이며, 평소에 산수(山水)를 즐기고 수련에 열심을 다하는 풍류(風流)를 즐기다가 국가의 부름이나 위기 때에 그 위력을 나타내 그 위기에서 벗어나게 하는 것이다.

4. 국가의 위기와 선도(仙道)

1) 의병(義兵)과 승병(僧兵)

(1) 의병(義兵)

의병은 국가가 외침(外侵)을 받아 위급할 때 정부의 명령이나 소집을 기다리지 않고 국민 스스로가 일어나 싸우던 자위군(自衛軍)이라고 할 수 있다. 의병은 한국의 선도, 풍류도와 관련이 있는 한국 선도의 실천적 특징의 하나라고 할 수 있다. 의병(義兵)은 국가의 공권력과는 무관하게 국민, 백성의 자발적인 군사 행동이다. 이는 널리 이로움을 지향하는 홍익(弘益) 사상과 멋을 즐김 속에서도 참과 조화를 이루려는 풍류(風流) 사상의 발로이며, 한(하늘) 민족의 본성(本性)에서 기인된 것이라고 할 수 있다. 의병은 이미 삼국시대부터 일어났던 기록이 있으며, 고려를 거쳐 조선에 이르렀다. 지역적 특수성으로 인해 외침이 끊이지 않았던 한국은 오래된 의병의 역사와 특유한 의병정신으로 외침에 처할 때마다 승패를 가리지 않고 결사감전(決死敢戰)하여 왔다. 의병의 역사에서 가장 현저한 활동을 보여준 때는 임진왜란과 병자호란, 조선 말기의 의병이었다.

(2) 승병(僧兵)

한국의 한(하늘) 민족의 본성(本性)인 선도(仙道)와 풍류(風流) 사상은 종교에도 예외는 아니다. 삼일 독립운동에도 모든 종교가 뭉쳐서 주도를 했던 것은 너무나도 유명한 사건이다. 승병(僧兵)은 승려로 조직된 군대를 말하며, 승군(僧軍)이라고도 한다. 한국에 불교가 전래된 이후 수도승이 많아짐에 따라 국가 유사시에는 승려들도 전쟁에 참가하게 되었다. 원래 불교는 살생을 금하나 한국 불교는 호국신앙(護國信仰)과 결부되어 한(하늘) 민족성의 발로로 국가 유사시 군사로서의 여할까지 담당하였다. 승병은 이미 삼국시대부터 나타났는데 고구려에 당태종(唐太宗)이 침입하자, 3만 명의 승병을 출전시켰다는 것이 《고려사(高麗史)》 최영전(崔瑩傳)에 기록되어 있다. 고려 때는 사원에 수원승도(隨院僧徒)라는 것을 두어 노역에 종사시켰는데 국가의 비상시에는 이들 인적 자원을 이용하여 승병을 조직, 이들을 항마군(降魔軍)이라 하였다. 한국 역사상 가장 큰 성과를 거둔 것은 임진왜란 때로서 휴정(休靜)과 유정(惟政)이 각각 승병을 이끌고 싸웠으며 영규(靈圭)·처영(處英) 등 유명한 승병장(僧兵長)이 나와 금산(錦山)과 행주산성(幸州山城)에서 전과를 올렸다.

V. 선무예(仙武藝) 연구배경과 도인법

1. 선무예(仙武藝) 공법 개발의 동기

선무예(仙武藝) 연구는 1981년도에 명지대학교 체육학과 교수로 부임하면서 본격화되었다. 평소 이상적인 양생무예를 생각하고 있었다. 일찍 1960년대 중반에 전국을 순회 지도하며 일본의 대동류 합기유술(大東流合氣柔術)을 고 장인목(張寅穆) 선생을 만나 수련하였고 그후 일본의 아이키도(合氣道) 최고단자인 다나까(田中)9단과 기술 교류를 하고 있다.

1986년 한양대학교 대학원 박사과정에서 전통적 동양체육인 도인법(導引法)에 관하여 연구하여 대학원에서 박사학위 논문은 도인(導引,기공氣功의 구명칭) 수행이 호르몬에 미치는 영향을 연구하였는데(1992, 한양대학교 대학원), 이 논문은 동양 도인수련에 대하여 호르몬의 분비를 분석한 최초의 논문이기도 하다. .

또한 1992년 8월 한중 수교가 이루어져 중국 베이징체육 대학에서 중국의 전통체육인 우슈(武術)와 치궁(氣功)을 연구할수 있었다.

물론 홍콩이나 대만을 통하여 중국 무술과 기공을 접할수 있었지만 만족할수 없었다. 1994년 중국 베이징 체육 대학에서 연구 결과 1999년도에 중국우슈 협회에서 태극권으로 심사를 거쳐 우슈 7단위로 승단하였으며 중국협회로부터 태극권 보급 공로상을 받았다. 이는 1998년 중국에서 단위제도가 생겼으며, 이를 수여한 한국인 중 최초의 고단(高段)자이다. 중국 북경체육 대학의 장광덕(張廣德) 교수가 중심으로 활약하는 중국도인양생공의 전수자가 되기도 하였다.

. 대한 우슈 협회 부회장, 한국도교학회와 한국무도학회의 부회장을 역임하였으며, 국민생활체육 전국 선무예 연합회를 창립하였다.. 또한 대한체육회의 무예위원이며 국제적으로

는 시안(西安) 체육 대학을 비롯 수개의 대학에 객원 교수를 역임하였고 2012년 중국정부가 주도하는 국제 헬스 치궁(氣功) 연합회 설립에 기여 하고 초대 집행위원에 당선되기도 하였다. 또 일본 대동류 합기유술의 계승을 하였다. 명지대학교에서 많은 우슈 국가대표를 양성하였으며 중국의 건강법인 치궁(氣功) 지도자를 양성하였다. 또일본 무술 대동류 유술계에서도 수많은 지도자를 배출하였다. 그리고 용인대학교에서 합기도 전공을 신설하여 오래 동안 합기도를 지도하기도 하였다.

선무예(仙武藝) 는 개발 초기에 한국 국립 무용단에게 지도하였고, 이제까지 대학과 대학원, 그리고 단체에서 회원들에게 지도를 계속하고 있다. 본도하나의 계기는 1992년 중국과 수교 이후에 중국의 현대 문화가 한국에 유입되기 시작하였다. 한중 수교 초창기에 중국에 교환교수로 중국에 가서 한국에서 처음으로 도인 양생(養生)공을 전수받아 국내에 보급하였고, 중국의 개방화 물결을 타고 서양에 널리 알려져 유명한 양생태극장도 한국에 본격적으로 소개가 되었다.저서 또한 운동해부학, 사회체육론, 마찰의 비전, 42태극검, 스트렛칭 저서 수권, 동방선술, 동방선학, 선무예, 등과 역서 또한 수권을 편저하였다. 또한 연구논문도 다수 발표되었다.

2. 선무예(仙武藝) 공법 개발의 목적

중국의 양생법과 태극권을 소개하고 보급하면서 한국의 전통적인 양생법과 무예에 대하여 연구하기 시작하였다. 먼저 조선의 무예도보통지를 연구하였으며 대표적인 의서(醫書)이자 각종 양생법을 수록한 동의보감과 조선시대의 세계적인 유학자이며, 학문이 사변에 그치지 않고 지행병진(知行竝進)의 실천적 삶을 살고, 많은 병고에 시달리면서도 당시로는 장수(長壽)의 수를 누린 퇴계 이황의 활인심방(活人心方), 북창 정념의 용호비결(龍虎秘訣)을 중심으로 연구하였으나, 동의보감과 활인심방에 수록된 많은 도인법들이 모두 중국의 문헌을 참고한 것이라는 자각(自覺)이 있어 중국을 넘나들었고. 또 우리나라의 고대 대표적인 수련단체인 화랑도와 고구려의 조의선인(皁衣仙人)에 대하여 연구하였지만 정형화된 수련법이 알려져 있지 않다.

한편 중국의 전통적 양생 수련법은 불교와 도교의 영향을 받아 발전하여 오늘에 이르렀다. 중국은 수련법과 관련하여 많은 학문적 기록과 정형화된 수련법이 많이 남아 있고, 오늘에 이르러 태극권 등은 국제 스포츠에 경기(競技)화 되기도 하였다. 중국의 수련법의 특징은 불교와 도교에서 발전한 공법과 무술에서 양생법으로 발전한 세 가지로 크게 나눌 수 있다. 그러한 것이 동아시아의 제국으로 퍼져나가 그 나라의 수련문화에 영향을 미쳐 오늘에 이른 것이다.

이에 비하여 한국은 고대로부터 자생적(自生的)인 수련법이 없었던 것은 아니다. 다만 그 것이 중국과 같이 학문적으로 또 정형(定型)화 된 공법으로 남아 있지는 않다. 중국 수련 이론의 효시로 삼는 음부경(陰符經)은 자부선인이 중국의 황제(黃帝)에게 전한 것으로 사기(史記)에 기록되어 있다. 자부선인은 동이(東夷)족으로 우리의 조상이라고 할 수 있다. 중국 수련 공법의 특징은 단합된 수련 보다는 그 개인이 신선(神仙)이 되어 장생불사하려는 목적이 뚜렷하다. 이것이 도교(道敎) 수련의 특징이기도 하다. 한국은 그렇지 않다. 모여서 수련하고 그리고 다수의 이익을 위하여 수련하고 사용하는 것이 중국과 다른 특징이다. 신라의 화랑(花郞)이 그렇고, 고구려의 조의선인(皂衣仙人)이 그렇다.

한국의 독특한 수련문화의 특징을 선무예(仙武藝)이라고 표현하여 사용한다. 그가 회장으로 활동하는 국민생활체육의 전국 단체인 '국민생활체육 전통 선무예 연합회에서도 이 명칭을 사용하고 있다. 선무예의 의미는 크게 두 가지로 나누어 정의할 수 있다. 그 하나는 광의(廣義)의 개념으로 우리 민족의 모든 몸짓을 선무예이라고 정의 하였으며, 협의(俠義)의 의미로는 한국 민족의 무술(武術)을 통해 이루어지는 몸짓으로 정의하고 있다. 광의(廣義)의 선무예(仙武藝)은 그 몸짓에 따라서, 한국무용, 수박, 수박희, 활쏘기, 탈춤, 강강수월래, 십 팔기 무예, 그리고 한편으로는 의술(醫術)로 발전하여 오늘의 특색이 있는 한국 문화를 이루었고, 그것이 동남아와 중동, 그리고 세계로 번지면서 한류(韓流; Korean Wave)라는 독특한 문화를 형성하기에 이르렀다. 한류는 현대에만 존재하는 것이 아니다. 통일신라시대에는 장보고를 통하여 중국과 동남아에, 그리고 조선시대에는 통신사를 통하여 일본에 한국문화를 그곳의 대중 문화화한 것이 오늘의 한류와 다름이 없다. 한류의 깊은 곳에는 개인보다는 다수의 이익을 취한다는 홍익(弘益)정신이 깔려져 있다. 그래서 외국인이 열광하는 것이다.

풍류(風流)도인법(導引法)과 풍류장(風流掌), 풍류선(風流扇), 풍류검 (風流劍, 풍류봉(風流棒)등은 이러한 한국적인 요소 바탕으로 창안된 것이다. 선비의 참되고 멋스러운 일상의 생활을 상징적으로 도인법에 표현한 것이다. 이 도인법을 선비와 같은 마음에서 수련하면 심신(心身)의 이완(弛緩)과 함께 안정되고 즐거움까지 느낄 수 있다. 이러한 한국적인 사상적, 문화적 바탕 위에서 개발된 풍류 도인법은 당연히 평가되어야 하고 그 효과를 임상(臨床)을 통해서 검증하여 한국적인 수련법을 목말라 하는 우리 현실에 우리의 것을 수련하는 활력소로 삼아야 한다.

3. 선무예(仙武藝) 수련의 필요조건

1) 올바른 생사관(生死觀)을 갖는다

고금을 통하여 인간의 염원은 장수무병이라 할 수 있을 것이다.

중국의 고전 의서(醫書)인 황제내경(皇帝內經)중, 상고천진론(上古天眞論)에서는 인간이 태어나서 유년, 소년, 청년, 장년, 노년에 이르는 연령 단계의 생리적 변화를 상세히 논술하고 있으나, 마지막은 역시 죽음으로 끝난다는 것을 명시하고 있다. 고대인들은 이미 몇 천 년도 전에 명확한 생사관을 갖고 있었던 것이다. 생사(生死)에 관하여 일본의 요가 학자인 佐保田鶴見씨는 다음과 같이 말하고 있다. 인간은 죽을 수밖에 없다. 이것은 피할 수 없는 운명이다. 그런데 이상한 것은 죽음이 조만간에 우리들을 찾아오는 것은 필연적인 일인데도 우리는 죽음에 대해 진지한 마음을 갖기 힘든 것이다. 그리고 죽음이 목전에 다다랐을 때에야, 슬픔하며 갈팡질팡하는 것이다.

장자(莊子)에 의하면 천지(天地)는 인간을 낳았으므로 최후에 또 다시 인간을 거두어들이는 것이라고 말한다. 따라서 죽음이란 피할 수 없이 슬픈 것이 아니라 만물은 모두 자연으로 돌아가는 것이라고도 말한다.

한족(漢族)은 장례식과 혼례를 홍백희사(紅白喜事)라고 한다. 홍희사(紅喜事:붉은 축제)란 결혼식을 의미하며, 백희사(白喜事:하얀 축제)란 장례식을 의미한다. 이 두 식(式)을 행할 때는 모두 음악대(音樂隊)의 반주를 동반한다.

인생에 있어서 명확한 생사관을 갖는 것은 정말 중요한 것이다. 선무예을 수련할 때에도 올바른 생사관은 빼 놓을 수 없다. 그 이유는 다음과 같은 것이다.

(1) 입정(入靜) 시, 여러 가지 환각(幻覺)이나, 초능력 현상이 나타나는데 이것을 착각하여 불로불사(不老不死)를 추구하는 경향이 있다.

(2) 죽음을 두려워하는 사람은 마음이 평온하지 않기 때문에 수련(修鍊)을 행하여도 입정에 들지 못하고, 무리하게 입정하면, 부작용이 나타날 수 있다.

(3) 올바른 생사관을 확립해야 생활의 질(質)을 높일 수 있으며,선무예도 몸에 익힐 수가

있다.

2) 칠정육욕(七情六欲)을 조절한다.

육욕(六欲)이란, 생(生), 사(死), 이(耳), 목(目), 구(口), 비(鼻)의 욕(欲)을 가리킨다. 고대인들은 소위, 전생(全生)이란, 육욕에 적당히 대처한 결과라고 말하고 있다. 전생이란 건강하게 오래 살 수 있는 것을 의미한다. 선무예을 수련 할 때에도 윤리관을 높이고, 과잉(過剩)되게 욕망을 쫓지 않으며, 청정함과 평온함을 유지하고 흡족하게 즐길 줄 아는 마음을 지키는 것이야말로 선무예의 수준을 높이는 기본이다.

칠정(七情)이란, 기쁨(喜), 노여움(怒), 근심(憂), 걱정(思), 슬픔(悲), 두려움(恐), 놀람(驚)을 가리킨다. 칠정과 육욕은 서로 뗄 수 없을 정도로 밀접한 관계에 있다. 일반적으로는 육욕을 탐하면 칠정이 쉽게 일어난다고 한다. 물론 일상생활에서는 희노애락(喜怒哀樂)은 셀수 없이 많으며, 게다가 피할 수 없는 것이다. 하지만 도가 지나치면 건강을 손상시킬 수 있으므로 가능한 한 칠정을 억제하도록 노력해야만 한다. 이것은 무엇보다 중요한 일이지만, 또한 상당히 어려운 일이다.

고금(古今)의 사람들은 다양한 방법과 격언에 의해 칠정의 고민에서 벗어나려 했다. 예를 들어, 노력을 다 하고 나서 성부(成否)는 하늘에 맡긴다. 심하게 분노해도 5분을 넘기지 않는다. 마음의 도량을 넓히고, 어떤 경우에 처해도 의연 하라. 재물은 허무한 것으로 죽어버리면 아무 것도 가져가지 못한다. 등, 자제를 촉구하는 격언들은 많이 있다.

칠정육욕은 일반적으로 잡념이라 말한다. 잡념은 상당히 없애버리기 힘든 것이므로 부단히 노력을 계속해야만 한다. 각 유파의 선무예는 각각 독자적으로 잡념을 없애는 방법을 갖고 있다.

3) 이완법에 숙달되어야 한다

인간은 외부의 스트레스로부터 대응해야만 하므로, 강경을 사용하는 습관에 익숙해졌다. 이 강경을 해소하는 유일한 방법은 이완법을 습득하는 것이다. 하지만 오랜 세월에 걸쳐 형성 된 강경 습관을 없애는 일은 좀처럼 쉬운 일이 아니다. 이것은 선무예을 실습하려 할 때 넘기 힘든 관문이다. 어느 단계에서는 이것을 중심으로 훈련해야 한다.

온 몸의 긴장(緊張)을 풀면 경락의 기(氣)의 운행이 원활히 행해지고, 내기(內氣) 혹은 내경(內勁)이 생긴다. 내기와 내경이 없으면 동작은 인체의 국부(局部) 근육의 힘밖에 사용 할 수 없다. 이를테면, 선무예을 실습할 때, 몸을 이완시키는 일에 익숙하지 않으면 내기와 내경이 나오지 않으므로 손과 발의 국부의 힘밖에 사용할 수 없다. 이래서는 체조와 다를 바가 없으며, 건강 증진 효과도 적어진다.

4) 의식을 집중할 때마다 숙련한다

가능한 한 의식을 집중하여 안정 상태에 들어가는 것을 첫째 조건으로 하는 것이다. 그 입정의 표준은 잡념을 없애는 것이다. 즉 일념(一念)이 만념(万念)을 대신한다.는 것이다. 도교 기공은 이것을 입정(入靜)이라 부르고, 불가에서는 입정(入定), 유가 에서는 경좌(敬座), 혹은 망좌 (座忘)라 부르고 있다. 각 유파는 모두 어떻게 하면 입정에 달 할 수 있을까 고심하며, 다양한 방법을 연구하였다.

예를 들면, 불교 의 입정 방법은 높은 소리, 낮은 소리, 또는 소리를 내지 않고 경문(經文)을 낭송하거나, 혹은 불교의 이치와 부처를 흉내 내어 묵상을 하거나 하여 잡념을 없앤다. 그 밖에 입정에 달하기 위해 즐거운 마음을 가지며, 각종 욕망을 줄이고, 무아(無我)의 상태에 들어가는 것을 추구한다.

이러한 입정 방법들은 모두 수련자 자신의 내부에서 움직이게 하는 것이므로 이것을 내정(內靜)이라 한다.

이 밖에도 주위 환경이 조용하고 공기도 신선해야만 하는데 이러한 것들을 외정(外靜)이라 한다. 내정과 외정이 합치해야만 정(靜)의 상태로 들어갈 수 있는 것이다.

입정은 잡념과의 싸움 과정을 거쳐야만 실현되는 것이므로 이것에는 반드시 의식적인 조정이 필요하다. 조정(調整)이라고는 하지만 너무 강제적으로 행해서는 안 된다. 일반적으로는 숙련 정도가 깊어감에 따라 서서히 잡념을 제거 할 수 가 있으며, 의념귀일(意念歸一) 단계가 되는 것이다. 기공은 매일 불과 1시간이나 2시간 정도의 연습으로는 부족하므로 일상적으로 가능한 한 마음을 편안히 갖고 욕망을 줄이고, 사념(邪念)을 없애도록 해야 만 한다.

주의력을 몸 안, 혹은 몸 밖 어느 한 지점에 집중시키는 것을 의수(意守)라고 한다. 의수가 강함은 중요하며, 그 정도는 무리하게 조장(助長)도 하지 않고, 붙어 있는 것 같지만, 실은 떨어져 있다)는 것을 말하는 것이다.

입정에는 놀랄만한 효과가 있어, 건강 증진 뿐 만 아니라 지능을 높이는 데도 효과가 있다.

불교나 이슬람교의 창시자는 모두 좌선을 통해 돈오(頓悟)한 것이다. 불교에서는 이러한 것을 정능생혜(定能生慧)라고 하는데 이것은 입정 중에는 지혜도 높아진다고 하는 것을 말한다. 역경(易經)에서는 〈줄곧 정좌하고 움직이지 않으면, 영감(靈感)이 떠올라 사물을 판별할 수 있다〉고 말하고 있다. 또한 장자(莊子)는 〈일체의 사물을 보지 않고, 듣지 않고, 조용히 한 곳에 마음을 쏟으면 신체는 장수하게 된다.〉고 말하고 있다. 또한 유가(儒家)에서도 〈정좌하여 마음을 깨끗이 하면 하늘의 이치를 깨달을 수 있다.〉고 말하고 있다.

생리학적으로 설명하면 기공은 사람의 의식의 지배를 받지 않는 자율신경을 조절하는 것이다. 이와 같은 숙련도에 달하면 여러 가지 난치병도 완치시킬 수가 있을 것이다.

5) 호흡을 조절한다

평상시 사람들은 호흡할 때, 폐 전체를 사용하지 않고, 일부의 폐포(肺胞)만 움직인다. 그 때문에 호흡하는 힘도 약하고, 폐(肺)가 충분히 신축되지 않아, 혈액도 완전히 정화시킬 수가 없다. 따라서 모르는 사이에 쉽게 병에 걸리는 것도 당연한 일일 것이다. 이와 같은 호흡 방법을 기공계 에서는 후두호흡(喉頭呼吸) 혹은 정호흡(靜呼吸)이라 부른다.

각 유파에서는 옛부터 각각의 호흡법을 고안해 왔으나 그것들에는 다음과 같은 공통점이 있다.

① 조식(調息), 조심(調心), 조신(調身) 등, 세가지를 결합시켜야만 한다. 그렇지 않으면 어떤 호흡 방법으로도 호흡을 깊이 할 수가 없다. 이 세 가지가 서로 돕는 것이야말로 공법을 올바로 행하는 것이다.

② 초보자의 호흡근(呼吸筋)은 약하기 때문에 무리하게 힘을 넣어 호흡을 하면 호흡근이 피곤해져 버린다. 그렇게 되면 기력이 떨어지고 오히려 호흡이 약해져, 심한 경우에는 편차(부작용)가 나타난다. 그러므로 어떤 유파의 어떤 호흡법을 선택하든 처음에는 자연 호흡법을 채용하는 편이 좋을 것이다. 그리고 호흡근이 강해짐에 따라 서서히 호흡의 심도를 더하고, 다른 호흡법으로 바꾸어 이용하거나 지정된 호흡법을 이용하도록 한다.

③ 선무예의 호흡은 항상 흡기(吸氣)를 짧게 하고, 호기(呼氣)를 길게 한다. 연구에 의하면 숨을 길게 내 쉬면 선체(腺體)의 분비가 늘어, 위장의 연동(練動)이 강해지며 즉, 부교감신경(副交感神經)의 흥분이 높아진다는 것이다.

④ 각 유파의 호흡법은 각각 오랜 기간동안 연구하여 고안해 낸 것이므로 일단 선택했으면

함부로 바꾸지 않는 것이 좋을 것이다.

⑤ 어떤 정공(靜功)이라도 호흡을 제대로 조절할 수 있게 되었다는 징후는 전신의 모혈(毛穴)까지 호흡하고 있는 것 같은 쾌감을 얻을 수 있게 되었다는 것이다. 혹은 자기 자신이 부풀어올라 천지와 연결 된 것 같은 환각, 즉 자기 자신조차도 잃어버린 듯한 환상마저 나타나는 것이다.

⑦ 입정하여 호흡을 조절하면 어느 시점에서 의지(意志)의 지배를 벗어난 것처럼 복근(腹筋)이 자동적으로 신축(伸縮)하는 수 가 있다. 이러한 때에는 당황하지 말고, 그것을 조절하려 하지 말고, 그러한 현상이 전부 끝날 때까지 내버려두어도 상관없다. 자발동공으로 유명한 기공가인 호요정(胡耀貞)씨에 의하면 이것은 선천기발동(先天氣發動)의 표시로, 국부 자발동(自發動) 부터 서서히 전신이 자발동 상태로 되기 쉬워졌다는 뜻이라는 것이다. 만일 강제적으로 자신의 의념(意念)을 쏟아 붙지 않으면 이것은 자발동공이 성공했다는 표시 인 것이다.

선천기 발동의 호흡 빈도는 처음에는 상당히 빠르고, 나중에는 점점 느려진다. 이것은 일상적으로 익숙해져있는 자기 컨트롤을 없애기 위한 것이다.

6) 동정결합(動靜結合) 수련을 한다

2천년이래, 학자들은 양생론에 관해 주동론(主動論)과 주정론(主靜論)의 논쟁을 계속 해왔다. 예를 들어, 주정론자인 회남자(淮南子)는 가장 중요한 것은 양신(養神)이며, 그 다음은 양형(養形:신체)이라고 말한다. 또한 송대(宋代)의 유가(儒家)인 주희(朱熹)는 전염병에 전염되는지 아닌지는 마음이 올바른지 아닌지에 의해 결정된다.고 말했다.

이와는 반대로 중국 춘추시대의 주동론자는 흐르는 물은 썩지 않으며 호추(戶樞)에는 벌레가 끼지 않는다.고 말하고 있다. 즉 항상 운동하고 있기 때문에 썩지 않는 것이며, 벌레도 먹지 않는 다는 뜻으로 항상 운동하고 있지 않으면 정(精)이 흐르지 않고 막혀버린다는 뜻을 의미하는 것이다. 한 대(漢代)의 명의(名醫)인 화타(華佗)는 이 이론에 기초하여 오금희(五禽戱)라고 하는 동정공법(動靜功法)을 창안했다. 수년전 장사시(長沙市) 교외에서 출토된 마왕퇴삼호한묘(馬王堆三号漢墓)의 비단화(錦畵)인 도인도(導引圖)의 다종 다양한 동작에서도 진한(秦,漢)시대에 이미 정리 된 건강법이 행해지고 있다는 것을 엿 볼 수 있다.

이상과 같은 논의 결과, 동정(動靜) 모두를 행하는 것이야말로 건강 장수 할 수 있다는 의

견의 일치를 보았다. 예를 들어, 달마화상(達磨和尙)은 승려들이 좌선만 하기 때문에 몸이 약해 닭조차 잡을 수 없을 정도로 체력이 약한것을 보고 역근경(易筋經)이라는 동정공법을 고안해 냈다.

고금(古수)의 연구라든가, 경험에서 여실히 나타나고 있는 것처럼 동정(動靜)은 함께 단련해야만 한다. 하지만 현대인들은 동(動)에 중점을 두고 근육을 단련하는 것은 열심히 행하고 있지만, 정(靜)에 대해서는 전혀 행하고 있지 않다. 동공과 정공을 각각 한 종류씩 선택하여 행하기 바란다.

7) 올바른 생활습관을 갖는다

황제내경에 의하면 황제는 의학의 스승인 기백(岐伯)에게 다음과 같은 질문을 했다. 옛날 사람들은 100세를 넘겨도 건강하다고 들었는데 오늘날의 사람들은 50세만 넘기면 비칠비칠 기운이 없다. 이것은 천지의 영향 때문인가, 정신적인 영향에 의한 것인가?.

이에 대해 기백(岐伯)은 다음과 같이 대답했다. 옛날 사람들 중에는 계절의 변화에 잘 조화하고, 음식을 절제하며, 기상과 취침도 규칙적이며 함부로 심신을 과로하지 않아 사람들은 신체와 정신이 잘 조화하여 100년의 수명을 누릴 수 있었지만, 오늘날의 사람들은 술에 만취하고 또한 마구 몸을 혹사시키며 정욕을 절제하지 못하고 절도 없는 생활을 하고 있기 때문에 하늘로부터 100년의 수명을 받았으면서도 50세 정도로 노화해 버린다. 무릇 마음을 차분히 하고 함부로 욕망을 불러일으키지 않으면 신체는 충실해지고, 체내를 단단히 방어하여 병을 일으키는 마귀는 그 어디에서도 침입 할 수가 없다.

2천년쯤 전의 사회의 스트레스와 현대사회의 스트레스를 비교하면, 오늘날이 옛날보다 몇십 배, 몇 백 배나 스트레스가 강할 것이다. 이러한 점에서도 선무예수련과 일상생활을 조절하는 것이 얼마나 중요한지 이해 할 수 있다. 평소 대수롭지 않은 일로 금방 화를 내는 사람은 틀림없이 선무예이 추구하고 있는 것과는 정반대로 아무리 수련을 해도 좀처럼 입정할 수가 없을 것이다. 선무예 수련자는 타인과 서로 교류하고 사물과 접촉하는 사회생활 속에 있어서 세상과 다투지 않는다는 정신을 남보다 두 배로 강하게 지녀야만 한다. 그 뿐만 아니라 평소 무엇을 하든지 단전을 조금 의수(意守)하도록 하는 것은 상당히 중요한 일이다. 예를 들어 TV나 영화를 볼 때나 버스나 전차를 기다리고 있을 때 육체노동이나 보행을 하고 있을 때 단전을 의수 하는 것은 선무예에 다다르는 것에 크게 도움이 된다. 그 때 가능하면 동시에 느슨하게 역복식(逆腹式) 혹은 순복식(順腹式) 호흡을 행하면 훨씬 효과적이다.

술은 백약의 으뜸이라고 불리며 한방약으로도 상용되고 있다. 하지만 소량의 음주는 도움을 주지만 어떤 좋은 술이라도 알코올을 포함하고 있으며, 알코올은 간장(肝臟)을 통해 해독(解毒)해야만 한다. 따라서 폭음을 하면 간장에 부담을 주어 선무예수련에 아무 도움이 안된다.

식사는 만복을 느낄 정도인 7할 정도에서 그만 먹기로 하자. 만복 상태는 호흡, 입정, 동작에 방해가 된다. 일반적으로는 수련이 상달(上達)함에 따라 식사량을 점점 줄이도록 하고 있다. 또한 너무 기름기가 많은 음식은 삼가는 것이 현명한 일이다.

또한 담배는 선무예의 커다란 적(敵)이며, 수면시간은 짧아진 것 같으나, 그래도 밤샘 등을 하여 일상생활의 리듬을 깨지 않도록 해야한다. 단, 좀처럼 잠이 오지 않을 때는 정좌수련을 하는 것도 좋은 방법이다.

4.풍류도인법(風流導引法)

1) 풍류도인법(風流導引法)의 특성

풍류(風流) 도인법(導引法)은 한국의 풍류(風流) 사상을 그 원리로 하여 개발한 공법이다. 풍류 도인법은 준비 자세와 정리자세 그리고 8개의 본 동작으로 구성되어 있다. 풍류 도인법은 그 명칭에서 시사(示唆)하는 바와 같이 한국 민족의 선비들의 멋스러운 생활동작, 즉 풍류(風流)를 형상화하여 동작을 구성하였다. 풍류 도인법의 특성은 다음과 같다.

(1) 좌식(坐式) 수련법

무릇 동양의 전통 수련법의 자세는 누워서 하는 와식(臥式), 앉아서 하는 좌식(坐式), 그리고 서서하는 입식(立式)의 세 가지가 대표적인 수련 자세이다. 누워서 하는 자세는 척추(脊椎)를 중심으로 한 심신(心身)의 이완(弛緩)을 목적으로 하는 수련이 대부분이며, 경우에 따라 척추 전만증 등 교정의 치유 방법으로도 활용한다. 대표적 공법으로는 요가의 송장자세가 있다. 서서하는 수련의 기본자세는 입식(立式)이 대표적이다. 흔히 기마(騎馬) 자세, 또는 마보세(馬步勢)라고 하는데, 동양에서 서서하는 모든 움직임의 기본이 되는 자세이다. 앉는 자세는 정적(靜的) 수련에서 가장 많이 하는 자세(姿勢)이다. 특히 명상(瞑想) 수련과 도교(道敎)의 내단(內丹) 수련에서 취하는 자세가 주로 좌식(坐式)이다. 의자가 보편적인 생활로

되어 있는 경우 골반의 교정과 이완(弛緩)에 효과가 크다. 앉아 있는 불상(佛像)의 자세가 대표적이다.

풍류도인법은 앉아서 하는 자세를 취하기 때문에 바로 앉아 수련함으로서 척추를 중심으로 이루어지는 상체가 바르게 펴지며, 일상생활을 통하여 틀어지고 쏠려진 자세가 교정(矯正)되고 치유되는 효과가 있다. 그러나 꼭 앉는 자세만을 고집할 것이 아니고 수련의 환경에 따라, 의자에 앉아서도 할 수 있으며, 서서도 누워서도 할 수 있는 수련법이다.

(2) 좌우대칭(左右對稱)의 움직임

수련의 모든 움직임의 구성이 좌우대칭(左右對稱)으로 되어 있어, 척추의 틀어짐과 팔의 움직임으로 좌우(左右)를 고루 움직여 줌으로 자세가 교정되고 좌우 움직임의 기능이 안정적으로, 균형적으로 발전되고 개선되는 수련법으로의 특징을 갖는다.

(3) 동식결합(動息結合)의 수련법

풍류도인법의 가장 큰 특징 중의 하나이다. 동식결합(動息結合)은 동작과 호흡을 결합하라는 의미이다. 동작에 호흡을 결합하라는 것은 움직임의 시작부터 움직임이 마칠 때까지 호흡이 끊어지지 않아야 한다. 동작에 따라 고르게 들여 마시고, 또 동작에 따라 가늘고 길게 내쉬어야 한다. 준비자세에서 8개의 본동작과 마지막 정리자세까지 신체의 움직임에 따라 호흡(呼吸)이 끊이지 않는 수련법이다. 모든 동작은 마시고 내쉬는 호흡에 맞도록 이루어져 있다. 따라서 수련자는 자기의 호흡 능력에 맞추어 수련해야 한다. 풍류도인법의 가장 큰 특징 중의 하나는 호흡 수련을 겸해서 하기 때문에 생명의 두 가지 현상 중의 하나인 호흡 능력의 개선과 강화를 가져와 근원적인 생명력을 강화는 목적을 이룰 수 있는 수련법이다.

(4) 의형결합(意形結合)의 수련법

의형결합(意形結合)은 동작과 의식(意識)을 결합하라는 것이다. 동작 중에 그 동작이 무엇을 목적으로 하고 어느 부위에 집중을 해야 하며, 어떻게 해야 최선의 효과를 걸을 수 있는지를 생각하면서 수련해야 되는 것을 말한다. 만약 동작을 행함에 있어 의식(意識)이 결합되어 있지 않으면 그것은 살아있는 몸의 수련이 아니고 물질적인 기계의 움직임과 다를 것이 없다. 동양의 전통 수련법이 서양의 체육에 대하여 우수한 것은 단지 움직임에 중점을 두지 않고, 움직임과 호흡(呼吸)과 의식(意識)을 함께 수련한다는 것이다. 서양의 물질과 정신의 이분법적 사상에 의해 운동은 단지 물질적인 신체의 기능을 높이는 것으로 발전되어, 근육이 커지고 기능이 향상되는 효과 면에서 물질적이고 양적(量的)인 발전을 이룩한 것은 사실이지만, 운동을 통한 부작용과 인간의 심성을 정화시키는 효과에 대하여는 동양에 비하여 떨어지는 것이 주지의 사실이다.

풍류도인법의 기본적인 의식(意識)은 풍류의 마음을 갖는 것이다. 선비들의 멋스럽고 참된 생활을 형상화하여 창안한 수련법이기 때문에 수련 중에 끊임없이 이러한 의식을 가져야 하는 특성이 있다. 따라서 항상 즐거움과 긍정(肯定)심을 유지하며 수련해야 마땅하다. 또 움직임에 따라 신체 구조적(構造的), 역학적(力學的), 경락(經絡)학적, 정기신(精氣神)론적 의식을 함께함으로 매 동작마다의 효과를 높일 수 있는 수련법이다.

2) 동작별 행법(行法)

준비자세(起勢)

① 정좌(靜坐)한다.

② 양손을 하단전에 포갠다(남자 왼손, 여자 오른손이 아래).

③ 양팔을 서서히 몸과 지면의 45도 정도가 되도록 옆으로 벌린다.

　가. 손등이 전면을 향하도록 한다.

　나. 호흡은 손이 벌려지는 각도와 병행하여 들이 마신다.

　다. 엄지와 새끼손가락에 약간 힘을 주듯이 하고, 하단전 - 회음 - 장강 - 척추 - 백회 - 은교 - 전중 - 중부로 운기(運氣) 하여 중단 전에 기(氣)를 모은다고 의념 한다.

④ 손을 들어 양손바닥이 마주보게 하고 서서히 단전 앞으로 모으되 하 　단전 앞에서 양손을 다시 하단전에 포개어 놓는다.

　가. 손이 움직이는 속도와 병행하여 숨을 내쉰다(가늘고 길게).

　나. 양 노궁이 마주보게 한다.

　다. 전중 - 중부 - 노궁으로 운기(運氣)하여 노궁에 기(氣)가 모인다고 의념 한다.

⑤ 위와 같이 전부 3회 반복하여 하단전에서 노궁(勞宮)으로 기(氣)를 운행한다.

제 1 식 기(氣)로 꽃피워 하늘에 올리기

1) 준비자세의 끝에서 양손을 하단전 앞에서 손등이 가볍게 마주 붙여서 손끝이 아래를 향한 자세로 서서히 가슴 앞으로 들어 올린다. 호흡은 손의 올라가는 속도에 맞추어 들이 마신다. 이때 가슴에서 노궁으로 기가 움직인다고 의념 한다.

2) 가슴 앞에서 손등을 마주 댄 양손 끝이 몸 안쪽에서 몸 밖을 향하도록 양 손목을 부드럽게 돌려서 가슴 앞에서 양 손바닥의 새끼손가락이 가볍게 붙은 채 손 끝이 앞을 향하도록 수평이 되도록 한다. 다시 그 위치에서 양 손을 각각 밖으로 돌려 엄지손가락과 둘째손가락의 끝을 붙인다. 이때 엄지와 검지 사이에 삼각형의 공간이 형성되게 한다. 손이 움직이는 속도에 맞춰 숨을 내쉰다. 동작을 취하면서 손으로 흐르는 6개의 경락에 기(氣)가 유통되어 마치 한 송이의 아름다운 꽃을 피운다고 의념 한다.

3) 그대로 손바닥이 하늘을 향하도록 머리 위로 쭉 뻗어 올린다. 손의 올라가는 정도에 따라 숨을 들여 마신다. 전 동작에서 의념으로 만들어진 꽃을 정성스럽게 하늘로 올린다고 생각하며 가슴에서 손 끝으로 기(氣)가 흐른다고 의념 한다. 팔을 최대한 밀어올린 상태에서 4-5초 정도 숨을 멈추며 단전을 강하게 의식하며 힘을 준다.

4) 양 팔의 긴장을 풀며 천천히 몸의 측면으로 크게 원을 그리며 내린다. 팔의 내려가는 정도에 따라 숨을 내 쉰다. 이때 가슴에서 끌어 올렸던 기(氣)를 단전으로 내린다고 의념 한다.

5) 양 손을 하단전에 모은다. 이 동작을 4회 한다. 공법을 행할 때 얼굴에는 미소를 띠우며 이 동작은 선비가 멋스러움과 함께 공부에 지친 몸에 활력을 불어 넣는 것이다.

제 2 식 선비 도포자락 날리며 좌우 바라보기

1) 전 동작의 4번째 동작에서 머리에서 양 팔을 측면으로 내릴 때 양팔이 어깨 높이에 내려왔을 때 오른손 바닥으로 마치 불어오는 바람을 만지듯이 서서히 왼쪽으로 몸통과 함께 틀어준다. 동시에 왼손은 천천히 손등을 명문(命門) 혈에 갖다 붙인다. 움직임과 맞추어 숨을 들여 마신다. 좌우 양손의 노궁혈에 기감(氣感)을 느껴 노궁으로 기의 유통을 느껴야 한다. 몸통을 틀어줄 때 척추 24마디가 골고루 틀어진다고 의념하고 실제로 모든 척추가 골고루 틀어지도록 몸통을 틀어 주어야 한다.

2) 몸통과 팔이 좌측으로 최대한 틀어진 상태에서 1-2초 정도 숨을 참고 자세를 유지한다. 틀어진 척추를 의념 한다.

3) 천천히 팔과 척추의 긴장을 풀며 오른손바닥이 몸 쪽을 향하고 손끝이 좌측 밖을 향한 자세로 서서히 가슴 앞으로 가져 온다. 몸의 움직이는 정도와 맞추어 숨을 내쉰다. 긴장했던 척추가 편안하고 시원함을 느낀다.

4) 오른 손이 가슴 앞에 오면 명문에 붙였던 왼손을 좌측 어깨 높이로 들어 올리고 천천히 오른 쪽으로 1)번과 같이 몸통과 함께 틀어준다. 오른 손을 반대로 서서히 명문에 손등을 붙인다. 숨은 움직임과 맞추어 들여 마시고 의념도 1)번과 같다.

5) 좌우 각 2회씩 한다. 이 동작은 선비가 불어오는 바람을 도포자락을 휘날리며 바람의 부드러움을 손바닥의 노궁혈을 통하여 느낀다고 생각하며 멋스럽게 한다.

제 3 식 선비 보름달 굴리기

1) 전 동작의 끝에서 양팔을 가슴 높이에서 어깨 넓이로 겨드랑이를 약간 떨어뜨리고 양팔의 팔꿈치는 60도 정도로 굽혀 마치 양손바닥 노궁(勞宮) 혈 이 기(氣)를 교류하는 자세를 취한다. 호흡은 전 동작에서 이어받아 내쉬는 숨이다.

2) 천천히 양 손 사이에 마치 보름달이 있는 것 같이 의념하고 오른손은 하단전 방향으로 왼손은 가슴 방향으로 사이에 있는 보름달을 굴리듯이 움직여 왼손은 하단전 10cm 앞에 오른손은 중단전 10cm 앞에서 멈춘다. 이 때 들여 마시는 숨이다. 양 손의 노궁혈에서는 계속해서 기(氣) 교류가 이루어지도록 한다.

3) 이어서 왼손을 천천히 몸통의 좌측을 향하여 손바닥이 위를 향하고 몸통도 같이 틀어주며 90도 회전하는데 그 높이는 어깨를 넘지 않으며 오른손은 왼손 팔꿈치 반대쪽에 손가락 부분을 살짝 엎어 놓은 것 같이 하며 시선은 왼손 노궁혈을 따라 간다. 이 때 움직임과 같이 하여 숨을 내쉰다.

4) 천천히 왼팔은 가슴 쪽으로 오른팔은 좌측으로 손바닥을 마주하여 계속 노궁혈로 기를 교류하며 양손이 각자 가슴과 하단전 사이에서 원을 그리고 오른손은 하단전 왼손은 중단전 앞에 위치하도록 들여 마시는 숨과 함께 한다. 이때 양손은 2번과 상하가 바뀐 위치이며, 역시 양손 사이에 보름달을 굴리듯 부드럽고 천천히 한다.

5) 이어서 우측으로 3번과 같이 한다. 전체적으로 좌우 각 2회 한다.

제 4 식 제 4 식 태산 밀어 기(氣) 채취하기

1) 3번째의 마지막에서 양손의 위치가 하단전과 중단전에 위치하지 않고 양손이 가슴 높이에서 가슴을 사이에 두고 마주보게 하고, 숨을 내쉬면서 양손을 각각 양발의 허벅지위에 살짝 얹어 놓되 양손 엄지와 둘째손가락의 소상(少商)혈과 상양(商陽)혈을 붙여서 주먹을 쥔다.

2) 주먹 쥔 양손을 숨을 들이 마시면서 천천히 몸통에 붙이는 듯 가슴 높이까지 끌어 올린다.

3) 양손을 전방을 향하여 뻗어주는데 주먹은 서서히 펴서 장심(掌心)의 노궁에서 기(氣)를 발출하여 마치 앞에 잇는 태산을 내쉬는 숨과 함께 밀어 내듯이 한다. 이때 뻗은 팔은 직선이 되지 않도록 주의한다.

4) 양손을 각각 밖의 방향으로 원을 그리며 마치 손바닥을 오목하게 하여 기(氣)를 담는다고 의념하며 부드럽고 천천히 한다. 숨은 들여 마신다.

5) 손바닥에 모인 기(氣)를 팔과 몸통의 양경(陽經)을 통해 단전으로 회수한다고 의념하며, 천천히 1번과 같이 주먹을 쥐면서 양발의 허벅지로 가져오며, 숨은 내쉰다.

6) 전체적으로 4회를 반복하며 기(氣)를 밀어내고 회수할 때 수련의 숙련도에 따라 운기(運氣)가 이루어지도록 강하게 의념을 한다.

제 5 식 얼굴밀어 돌려 매화꽃 보기

1) 전 동작의 마지막 자세에서 숨을 들어 마시며 양팔, 양손을 준비 자세와 같은 요령으로 옆으로 천천
   히 벌린다.
2) 천천히 내쉬는 숨과 함께 얼굴과 몸통을 왼쪽으로 틀어주면서 동시에 오른손 바닥으로 오른 뺨을
   밀어 겉이 움직인다. 이 때 가운데 손가락 끝 부분만 예풍(翳風) 혈에 살짝 대고 손바닥은 뺨에 붙
   이는 것 같이 가까이 댄다.
   또 동시에 왼손은 등 뒤의 명문(命門) 혈에 손등이 닿도록 갖다 댄다. 이 동작은 척추를 바로 세운 상
   태에서 척추 마디마디가 틀어지게 하되 경추 부분은 좀 더 강하게 틀어준다. 좌측으로 완전히 틀어
   준 상태에서 4-5초 머무른다. 이 때 숨도 머무른다.
3) 양팔을 좌우로 첫 동작과 같이 벌린다. 이 때 숨은 동작의 속도에 맞추어 들여 마신다.
4) 2번의 동작을 반대 방향으로 같은 요령으로 한다.
5) 전체 좌우 2번씩 해준다.

제 6 식 허공에 붓글씨 쓰기

1) 전 동작 마지막 자세인 양팔을 옆으로 벌린 상태에서 숨을 내쉬며 양손을 하단전 앞에 손끝이 마주
   보고, 손바닥이 위를 향하도록 내린다.
2) 오른손목을 손끝이 몸 안쪽으로 180도 회전한 후 손바닥이 위를 향한 자세를 유지하여 좌측 어깨
   쪽으로 대각선을 그리며 끌어 올린 후 다시 머리 위에서 오른 쪽으로 원을 그린다. 동작의 속도에
   따라 숨을 마신다. 이 때 붓으로 허공에 글씨를 쓴다고 의념을 하여 정성과 동작의 부드러움을 추구
   한다.
3) 계속해서 내쉬는 숨으로 바꾸고 오른 팔을 몸통 우측으로 붓으로 마무리 획을 내려 돌려 긋듯이 원
   을 그리며 출발했던 곳으로 원위치 한다.
4) 왼손으로 같은 요령으로 동작을 행한다.
5) 좌우 각 2회씩 한다. 이 동작은 선비가 붓으로 크게 글씨를 쓰는 자세로 정성과 멋이 어우러져야 한
   다. 들이마시고 내쉬는 호흡을 함께하면 동작의 부드러움이 유지된다.

제 7 식 선비 뱃놀이하기

1) 전 동작의 마지막 자세에서 숨을 들여 마시며 준비 자세와 같이 양팔을 옆으로 천천히 벌린다.
2) 손목을 뒤집어 양손바닥을 마주보며 전방으로 움직이는데 몸통 넓이에 이르러 손바닥이 위를 향하도록 하고 서서히 주먹을 쥐며 양 허리에 살며시 갖다 붙인다. 이 때 동작과 맞추어 내쉬는 숨, 그리고 소상(少商) 혈과 상양(商陽)혈이 닿도록 주먹을 쥔다.
3) 양팔을 몸통 옆으로 벌리며 들어 마시는 숨과 함께 천천히 양팔을 손바닥이 위로 향하게 머리를 향해 들어 올려 양 팔을 쭉 뻗어 머리위에서 양 손바닥이 마주 닿게 한다.
4) 양 손바닥을 마주 붙인 자세로 내쉬는 숨과 함께 천천히 가슴 앞으로 내린다.
5) 가슴 앞에서 양손 소상(少商)혈과 상양(商陽)혈을 붙이는 주먹을 쥐며 들여 마시는 숨과 함께 양 허리에 살짝 붙인다.
6) 몸통을 좌측으로 45도 틀며 양 손바닥을 앞을 향하도록 90도 꺾어 마치 노를 젓듯이 앞으로 밀어준다. 이때 밀어주는 동작과 내쉬는 숨을 같이 한다.
7) 꺾은 손목의 긴장을 풀며 마시는 숨과 함께 틀어준 몸통을 원위치 하며, 양팔을 전방으로 뻗은 채 몸통 전방으로 옮긴다. 이 때 양팔은 마치 파도를 타듯이 부드럽게 리듬을 타도록 한다.
8) 다시 소상혈과 상양혈을 붙이는 주먹을 쥐어 양 허리에 갖다 붙이는데, 주먹 쥐는 속도와 허리로 가는 속도를 같이 하며, 계속 숨을 마신다.
9) 다시 방향을 바꾸어 우측으로 반복한다.
10) 좌우 각 2회씩 한다. 손을 머리위로 올릴 때는 척추 24마디가 골고루 펴질 수 있도록 하며, 가슴으

로 내릴 때는 양손 노궁(勞宮)혈에 기(氣)를 모은다고 의념을 하고, 몸통을 틀어 전방으로 밀 때는 마치 불어오는 바람을 맞받아 쳐서 배가 움직인다는 의념으로 한다. 이 동작은 심신(心身)의 긴장 (緊張)과 이완(弛緩)을 번갈아 반복함으로 운기(運氣)가 되는 효과가 있다.

제 8 식 거울보고 상투 고치기

1) 천천히 몸통을 좌측으로 틀어준다. 몸통이 틀어지는 각도와 맞추어 우측 팔 손목을 세워 허리로부터 왼쪽 어깨 방향으로 밀어 내듯 뻗어준다. 이 때 동작과 함께 숨을 내쉰다. 시선은 밀어내어 뻗어주는 손등을 응시한다.

2) 손목의 긴장을 풀고 숨을 들여 마시며 우측 손바닥으로 머리 좌측~정수리~우측을 마치 상투를 고쳐 매는 것 같이 쓸어 넘긴다. 이 때 좌측으로 틀었던 몸통은 원위치로 돌아온다.

3) 다시 팔의 방향을 틀어 우측 어깨 높이에서 밖으로 밀어 내듯 뻗어준다. 이 때 몸통을 다시 오른쪽으로 틀어주며, 내쉬는 숨과 함께한다. 시선은 밀어내어 뻗어주는 손등을 응시한다.

4) 손목의 긴장을 풀고 손바닥이 위를 향하도록 방향을 바꾸고 숨을 들여 마시며 소상(少商)혈과 상양 (商陽)혈을 붙인 주먹을 쥐어 허리에 살짝 붙인다.

5) 손을 바꾸어 반대 방향으로 같은 요령으로 한다.

6) 좌우 각 2회씩 한다. 이 동작은 몸통을 좌우로 틀며 노궁(勞宮)으로 기(氣)를 내보내듯 운기(運氣) 하며 동작과 호흡이 함께 하도록 수련한다.

정리자세(收勢)

1) 양 주먹을 허리에 댄 채 숨을 내쉰다. 주먹을 쥔 양손을 풀며 준비 자세와 같이 숨을 들어 마시며 양 팔을 손등이 전면을 향하도록 옆으로 쭉 벌려준다.

2) 숨을 내쉬면서 양 손바닥을 뒤집어 양팔을 움직여 두 손의 가운데 손가락이 마주 닿을 듯 하단전을 5 cm 간격을 두고 덮듯이 감싼다.

3) 3회 반복하고 마지막에는 양 손바닥을 하단전에 포개어 놓고 수련으로 형성된 진기(眞氣)를 단전에 모은다고 의념을 한다.

3) 풍류 도인법의 효과

(1) 전체적 효과

풍류도인법은 양생(養生)과 도인(導引)을 목표로 하고 있다. 양생(養生)이란 무병장수(無病長壽)이다. 도인(導引)은 바른 움직임을 말한다. 바른 움직임이란 무술(武術)의 지극한 기본적인 움직임의 원리를 의미한다. 결국 풍류도인법은 양생(養生), 건강의 입장에서 무병장수(無病長壽), 무술(武術)에 있어서는 바른 움직임으로 무도(武道)의 원리에 부합하는 방법론이라고 할 수 있다. 본 도인법의 수련은 앉은 자세를 취한다. 다시 말해서 정좌(靜坐), 고요하게 바로 앉아 있는 자세를 말한다. 그리고 동작에 따라 동작이 상징하는 의식을 하며, 호흡(呼吸)과 함께 한다. 준비와 정리 자세를 제외한 8 동작 중에서 5 동작이 몸통을 좌우로 틀어준다. 각 동작은 우리나라 선비의 일상생활의 여러 가지를 상징성 있도록 동작을 만들었다. 이러한 여러 가지 특징을 분석하여 전체적으로 다음과 같이 양생학적 효과가 있다고 판단된다.

① 바로 앉는 자세의 수련 효과

현대인들의 많은 부분이 의자 생활이다. 예전에는 육체적인 노동 후에 편히 앉아서 쉬었지만 지금은 의자나 소파 등 앉는 생활 기구를 사용한다. 이는 앉는 자세가 건강에 매우 중요한 영향을 미칠 수 있다고 할 수 있다. 하루 종일 의자에서 생활하는 학생이나 사무직 종사자들은 말할 것도 없다. 많은 의자 생활의 자세가 잘못되면 건강에 악영향을 준다. 척추를 바로 세우지 못하고 자세를 흐트러지게 하여 척추 측만증이나 전만증에 노출되기 쉬우며, 허리가 약하여 오래 앉지 못하고 좌골신경통 등의 질환에 시달리게 된다.

풍류 도인법은 바르게 앉은 자세로 수련하기 때문에 수련을 통하여 허리를 바로 세우며 척추가 틀어졌거나 약화된 것을 교정해 주는 효과가 있다. 그리고 상당 부분의 동작이 허리를 좌우로 틀어주기 때문에 척추 마디마디를 운동시켜 주고 그 기능이 강화된다. 많이 앉아서 생활하는 학생이나, 사무직 종사자들에게 좋은 운동법이다.

② 척추를 바르게 펴주고 기능을 강화한다.

모든 동작이 바르게 앉아서 해야 하기 때문에 척추가 강화되는 효과가 있다. 첫 번째 동작과 일곱 번째 동작은 두 팔을 머리위로 쭉 펴주어 꼬리뼈부터 1 번 경추까지 24마디의 척추를 펴주고 늘려주는 효과가 있다. 이 동작을 통하여 척추의 틀어짐이나 쏠림 현상이 교정되는 효과가 있다. 그리고 여덟 동작 중에서 다섯 동작이 몸통을 좌우로 틀어주고 특히 다섯 번째 동작은 경추를 중점적으로 틀어주기 때문에 현대인들에게 많은 목의 질환을 개선하고 강화하는 효과가 있다. 몸통을 바르게 펴서 좌우로 틀어주는 것은 척추와 척추 사이를 운동시켜 연골 부분과 추간판을 강화시켜 디스크 등의 질환을 예방하고 개선하는 효과가 있다.

③ 호흡이 깊어지고 질이 향상된다.

호흡은 심박동과 더불어 생명의 두 가지 현상 중의 하나이다. 심박동은 일생을 통하여 전부 자율신경의 조절을 받아 의식적으로 조절할 수 없는 생명 현상이지만 호흡은 물론 자율신경의 조절도 받지만 의식적으로 조절이 가능하다. 그래서 동양에서는 전통적으로 단전호흡이라는 명칭으로 호흡에 대한 수련이 일찍부터 개발되어 다양한 수련법이 있고, 동양의 전통 체육이 서양의 체육과 가장 크게 차별화 되는 것이 모든 동작에 의식적으로 호흡을 동반한다는 것이다. 물론 서양 체육에서도 호흡은 하지만 동양과 같이 의식적으로 동반하지 않는다. 풍류 도인법에서는 준비 자세부터 정리 자세에 이르기까지 모든 동작에 호흡과 함께 하도록 되어 있다. 이 도인법을 장기간에 걸쳐서 수련하면 호흡의 질이 높아지는 것은 당연한 결과일 것이다. 조선 중기에 용호비결(龍虎秘訣)이라는 독특한 호흡 수련 방법론에 대한 책을 쓴 정렴(鄭濂)은 호흡하는 방법에 대하여 입식(入息)은 면면(綿綿)이요, 출식(出息)은 미미(微微)라고 하였다. 들어 마시는 숨은 길이에 목적을 두는 것이 아니고 고르게 마치 실처럼 들어 마시라고 하였다. 내쉬는 숨은 시간과 양에 치중하여 가늘고 길게 하라고 하였다 (이현수, 2006). 이 말을 다시 해석하면 들어 마시는 숨에는 욕심을 제하고 다만 고르게 하라고 하였고 내쉬는 숨은 욕심을 부려 길게 가늘게 해도 괜찮다는 의미가 된다. 현대의학에서 밝힌 바는 들어 마시는 숨과 참는 숨을 무리하게 할 경우에는 혈압이 상승하고 심한 경우에는 뇌세포의 괴사까지 일어난다고 하고 있다. 정렴 선생은 이러한 생리적 현상을 미리 감안하시고 우리들에게 좋은 가르침을 남긴 것이다. 그러나 내쉬는 숨은 다소 무리하게 욕심이 게재되어도 큰 부작용이 없다. 따라서 풍류 도인법의 호흡에서도 들어 마시는 숨은 무리하지 않게 골고루 마시며, 내쉬는 숨은 다소 길게 수련하므로 호흡의 질을 무리하지 않고 높일 수 있다. 호흡의 질이 높아진다는 것은 곧 생명의 질이 높아지는 것을 의미한다.

④ 이지대침(以指對針)과 경락 자극 효과

이지대침(以指對針)이란 손가락으로 침(針)을 대신하라는 의미이다(박현옥, 2003). 손가락으로 마치 침을 놓듯이 하라는 것이다. 풍류 도인법에서는 여러 곳에 이러한 방법이 설정되어 있다. 대표적인 경우가 5번째 얼굴밀어 돌려 매화꽃 보기에서 가운데 손가락으로 예풍(翳風) 혈을 자극하는 것이다. 예풍 혈은 귀 밑에 있는 경혈로 삼초(三焦) 경락에 속한다. 안면신경통, 귀의 질환 그리고 하체의 통증에 효과가 있는 경혈이다. 다음은 두 번째와 다섯 번째 동작에서 명문(命門) 혈에 손을 대는 것과 네 번째와 일곱 번째 동작에서 소상(少商) 혈과 상양(商陽) 혈을 붙여서 역시 이지대침(以指對針)의 효과가 있도록 하였다. 명문(命門) 혈은 허리의 중심이 되는 매우 중요한 경혈로 문자적으로도 목숨이 드나드는 문으로 표현하고 있다. 소상(少商) 혈과 상양(商陽) 혈은 각각 폐경(肺經)과 대장경(大腸經)이 끝나고 시작되는 경혈(經穴)로 폐와 대장의 기능을 담당하고 있는 경락의 주요 경혈이다. 동작 전체가 몸통과 팔을 주로 움직이는데 이는 팔로 흐르는 여섯 개의 경락을 자극하는 한의학적 효과가 있다.

⑤ 심리적(心理的) 효과

풍류 도인법은 선비의 일상생활 중에서 상징화하였다. 꽃을 피워 올리며 매화를 바라보며, 도포자락을 날리며, 보름달을 굴리며 놀고, 태산을 밀어 용력을 쓰며, 허공에 붓글씨를 쓰고, 뱃놀이를 하고, 행동을 정리하고 상투를 바로 고쳐 맨다. 이 상징들 중에는 선비의 학문에 힘씀과, 아름다운 꽃을 완상(玩賞)하고, 태선을 밀어내고 도포자락을 휘날리는 용력과 멋스러움이 있고, 마치 보름달을 양손에 쥐고 노는 등을 상징화 하였다. 실제 수련할 때도 이러한 선비의 마음과 정신으로 지덕체(智德體)를 갖춘다고 생각하여 정서(情緒)를 즐겁고 바로하고 의(義)롭게 하여 멋을 아는 선비의 풍류(風流)를 배우게 한다. 이 수련을 통하여 한국적인 선비의 정신과 멋을 기를 수 있다.

⑥ 무도의 정리 운동과 호흡 수련에 효과

무도(武道)는 다툼을 그치는 근원적 인간의 도리이다. 무도는 수련을 통하여 심신이 바르게 되고 강화되어 사회적 인간의 완성을 목표로 한다. 이제까지의 무도는 그 수련방법론에 있어서 생체 생리 역학적으로 체계적인 것을 등한히 해온 것이 사실이다. 모든 몸의 움직임은 그 기초가 바르고 단단해야 한다. 그런 의미에서 무도에 있어서 호흡은 대단히 종요한 요소이다. 풍류 도인법은 호흡의 수련에 매우 유익하게 개발되었다. 모든 움직임에서 호흡이 기본적으로 중요하지만 특히 무도에 있어서 호흡의 중요성은 절대적이라고 할 수 있다. 상대를 제압하는 기술은 기(氣)를 운용하고 모아서 발출하는 순산적인 임팩트에 있다. 이러한 기(氣) 운용에 호흡은 절대적이다. 그리고 무도의 수련을 마친 후에 모든 기운을 단전에 저장 갈무리 하는 정리 수련은 반드시 필요한 것이다. 풍류 도인법은 무도(武道)에 기초적이고 필수적인 수련법이라고 할 수 있다.

(2) 동작별 효과
① 준비자세

대부분의 동양 수련 공법은 기세(起勢), 즉 준비 자세부터 시작한다. 수 천 년을 내려오며 사랑을 받는 팔단금, 역근경, 오금희, 육자결도 기세로부터 시작한다. 일반적으로 기세는 첫째, 심신의 이완(弛緩: Relax)을 목적으로 한다. 다시 말해서 수련할 수 있는 심신의 점검이자 준비하는 과정이다.

풍류 도인법에서 기세는 먼저 정좌(靜坐)하는 것부터 시작한다. 정좌는 동양 전통 수련에서 참장(站樁) 자세와 함께 가장 중요한 자세이다. 도교의 내단(內丹) 수련, 불가의 참선(參禪), 유가의 기본 수련이 모두 정좌(靜坐)이다. 정좌의 가장 효과적인 방법이 결가부좌(結跏趺坐)이다. 결가부좌는 가장 안정적으로 가장 오래 앉을 수 있는 좌법(坐法)이다. 결가부좌의 전통적인 방법론으로 칠지좌법(七支坐法)이 있다. 이는 일곱 가지의 결가부좌를 행하는 자세를 말한다(이현수, 2006). 결가부좌를 틀고, 허리를 바로 펴고, 어깨를 이완시키고, 손은 결수인(結手印)을 하단전에 위치시키고, 턱을 당기고, 혀를 입천장에 붙이고, 눈은 반개(半開)하여 미소를 짓는 일곱 가지를 말한다. 가장 이상적인 자세는 부처의 좌상(坐像)을 들 수 있다. 수련하는 동안 이 자세를 취하므로 허리가 바른 자세로 강화되고 골반이 바르게 되어 요통(腰痛), 좌골신경통, 척추 디스크 등의 증상을 예방하고 질환을 개선할 수 있다. 어깨를 이완하여 어깨가 굳고 틀어짐을 방지하고, 턱을 당겨줌으로 경추를 바로 세워 목 디스크 등을 예방한다. 혀를 입천장에 붙이므로 묵언(黙言)이 되고, 침의 분비가 많아진다. 수련하는 동안 계속 미소를 지으므로 평소의 모습이 평안한 모습으로 바뀌어 대인 관계에 좋은 영향을 줄 수 있으며, 웃음을 통하여 긍정적 호르몬이 분비되는 것은 많은 연구에서 밝혀진 바이다.

다음에는 양팔을 좌우로 넓게 벌리고 다시 하단전에 모으는 동작과 함께 깊은 호흡을 하며 몸의 중심에서 손바닥의 노궁(勞宮)으로 운기(運氣)를 하도록 의식하라고 하였다. 구체적인 방법은 숨을 들어 바시며 팔을 벌릴 때 몸의 중심에서 어깨로 운기(運氣)하고 팔을 원위치하며 양손을 하단전에 갖다 놓으며 어깨로부터 노궁(勞宮)까지 운기(運氣)하는 것이다. 일반적으로 운기(運氣)를 어렵고, 신비스럽게 여기는 경향이 있으나, 운기(運氣)는 의념(意念)으로 하는 것이다. 이승헌(1994)은 이를 심기혈정(心氣血精)의 원리라고 하였는데, 도교의 내단(內丹)이론의 핵심 이론이기도 하다. 현대과학에서도 마음에 따라 생체에너지가 움직이는 것을 증명하였는데 예를 들어 오른손으로는 뜨거운 것을 만진다고 생각하고, 왼손으로는 차가운 것을 만진다고 집중하게 하고 일정 시간이 경과한 후에 양손의 체온이 달라진다고 하였다. 이는 인간의 생각에 따라 생체의 에너지가 이동할 수 있음을 말한다. 결론적으로 준비 자세에서 의념(意念)으로 운기(運氣)하는 것은 정신적인 주의 집중력의 향상을 가져오고, 신체 에너지 흐름의 활성화에 효과적이다.

준비 자세를 통하여 얻을 수 있는 다른 효과는 호흡의 질이 높아진다는 것이다. 천천히 들여 마시고, 천천히 내쉼으로 호흡의 질이 높아지고 팔을 벌리며 들어 마신다는 것은 가슴과 복부의 면적을 최대한 넓혀 주므로 더 많은 산소를 호흡할 수 있는 신체적 환경을 조성해 주는 것이다. 그리고 팔을 모으며 내쉬는 것은 가슴과 복부를 더 많이 수축시키기 때문에 탁기를 더 효과적으로 내보낼 수 있다. 호흡의 질이 높아짐에 따라 심신도 안정 상태로 접어들게 되고 정신 집중의 효과가 있다.

② 제 일 식 기(氣)로 꽃피워 하늘에 올리기

제 일 동작은 손등을 맞대고 가슴까지 올려 약간 복잡해 보이지만 손목과 손바닥을 부드럽게 돌려주고 다시 머리위로 곧게 뻗어 올리고 양 옆으로 천천히 내리는 동작을 4회 반복한다. 운동적 특징은 하단전에서 가슴까지 손등을 맞대고 끌어 올리는 것과, 가슴 앞에서 손을 뒤집고 돌려서 마치 꽃봉오리가 피어나는 것 같은 동작이다. 먼저 양 손등을 맞대고 하단전에서 가슴까지 끌어 올리는 것은 손으로 흐르는 경락을 자극하는 효과가 있다. 손등에는 대장(大腸), 소장(小腸), 삼초(三焦)의 양(陽) 경락 세 개가 흐른다. 손등을 맞대고 움직이는 것은 평소 생활에 드문 동작이기 때문에 손의 세 양 경락을 자극하여 장부(臟腑)의 기능을 좋게 하는 효과가 있다. 또 운동의 측면에서 손등을 맞댄다는 것은 평소 자주 사용하지 않는 부분의 근골을 움직여 주어 근골을 경화(硬化)시키지 않고 풀어주는 효과가 있다. 다음에 가슴 앞에서 손목을 뒤집어 주고 돌려주는 동작도 경락과 해당 부위의 근골을 운동시켜주는 효과가 있다. 특히 이 동작에서 양손의 엄지손가락과 새끼손가락이 번갈아 맞대며 돌려주는 것은 폐경(肺經: 엄지손가락으로 흐른다)과 심경(心經: 새끼손가락으로 흐른다)을 자극하여 생명의 2대 현상인 폐와 심장의 경락을 자극하여 기(氣)의 유동이 원활하게 하는 효과가 있다. 이 동작은 마치 꽃봉오리가 피어나는 것을 상징하기 때문에 꽃을 피우는 즐거운 마음을 가져 심리적인 안정감을 주고 긍정적 심리 상태에 도움이 된다. 다음은 양손의 엄지와 새끼;를 붙이고 하늘을 향해 밀어 줌으로 앉아있는 상체, 특히 척추가 펴주는 효과가 있다. 이 때 꼬리뼈부터 일번 경추까지 하나하나를 늘려준다고 의념 하며 뻗어주기 때문에 척추가 좌우 혹은 전후로 굽은 자세와 이로 인한 질병을 완화할 수 있다. 기(氣)의 소통인 운기(運氣)의 측면에서도 중단전이 위치하는 가슴에서 손끝까지 의념으로 기를 움직이는 효과가 있다. 손을 다 뻗은 상태에서 4~5초 정도 숨을 멈춤으로 호흡의 능력을 향상 시킨다. 다음에 양팔을 몸의 양 측면으로 내쉬는 숨과 함께 내리는 것은 우선 숨을 마시고 참고, 손을 뻗어 올리는 긴장에서 숨을 내쉬고 양 팔을 내리는 이완을 통하여 심신의 안정감을 가져다준다. 운기(運氣)의 측면에서 손끝까지 보냈던 기(氣)를 하단전으로 내려주는 기침단전(氣沈丹田)으로 기(氣)가 하단전에 저장되는 효과가 있다. 손이 머리에서 하단전까지 내려오는 동안 숨을 길게 내쉬기 때문에 호흡의 질이 향상되는 효과가 있다.

종합적으로 살피건대 제1식은 몸의 무리가 가지 않는 범위 내에서 호흡을 고르게 마시고 길게 내쉬는 수련으로 질적 향상이 되며, 경락을 자극하므로 그 경락과 관계있는 내장의 기능이 향상되며, 평상시 자주 사용하지 않는 근골을 사용하며, 꽃을 사랑하는 선비가 기(氣)로 꽃을 피워 하늘로 나르는 의념을 통해 심리적인 안정감과 긍정적 사고가 형성되는 효과가 있다.

③ 제 이식 선비 도포자락 날리며 좌우 바라보기

제 이식은 마치 바람에 도포자락을 날리며 좌우를 응시하는 선비의 모습을 상징한 초식이다. 이 초식을 통해서 선비의 멋스러움과 의연함이 나타도록 한다. 동작은 앉은 자세에서 몸통과 양팔을 좌우로 틀어주는 것을 반복함으로 척추 전반을 바르고 강하게 하며, 틀어짐이나 쏠림 현상을 교정하는 효과가 있다. 경락적으로는 몸통의 좌우를 흐르는 담경(膽經)과 몸통의 전후 중앙을 흐르는 임맥(任脈)과 독맥(督脈)을 자극하는 효과가 있다. 담경(膽經)은 간경(肝經)과 표리(表裏)가 되는 부(腑)로서 생리학적으로는 쓸개즙을 분비하여 소화기관으로 역할을 하며 심리적으로는 담력(膽力)을 주관한다. 그래서 일을 과감하게 추진하고 겁이 없는 사람을 담대(膽大)하다고 하는 것이다. 임맥과 독맥은 경락적으로 정경(正經)은 아니지만 정경을 도와 임맥은 음(陰) 경락을 총괄하고, 독맥은 양(陽) 경락을 총괄한다. 이 두 경락의 소통이 잘 이루어진다는 것은 일반적으로 건강에 문제가 없음을 의미한다. 왜냐하면 음양(陰陽)의 경락을 총괄한다는 것은 인체의 생리대사가 원만하게 이루어지고, 이로 인해서 근골의 기능에 문제가 없음을 뜻한다. 운기(運氣)의 측면에서는 양팔을 좌우로 틀어줄 때 노궁(勞宮) 혈에 의념(意念)을 하도록 되어 있는데 이는 노궁혈은 손바닥의 중심에 위치하는 경혈로 심포(心包) 경락에 속하며, 손을 사용하여 기(氣) 치료를 하는 경우에 사용하는 중요한 혈(穴)이다. 노궁혈이 활성화 된다는 것은 이러한 능력이 향상되고, 특히 심포(心包) 경락의 중심을 이루는 경혈(經穴)이기 때문에 기억력의 향상과 지성(知性)적인 능력이 향상된다.

④ 제 삼식 선비 보름달 굴리기

이 초식의 중요한 동작은 양손바닥 사이에 둥근 보름달 모양의 공을 굴리는 것 같은 동작이다. 기(氣) 수련에서 양손바닥을 마주보고 가까이 했다 멀리했다 하면 양손 사이에서 기(氣)가 움직이는 기감(氣感)을 느끼게 된다(이동현, 1993). 이는 기(氣)에 대한 존재(存在)를 확인하는 것이며, 이 수련을 통하여 손바닥의 느낌이 세밀해지고, 집중력이 향상된다. 실제로 기(氣) 수련을 오래 한 기공사(氣功士)의 손에서 기(氣)의 방출이 현대 과학으로 확인되었으며, 치료를 받은 환자의 간(肝), 혈당(血糖)의 치수가 개선되었다는 보고가 있다(張有雋, 1993). 이 초식 역시 팔과 몸통을 좌우로 틀어주기 때문에 제 이식과 같은 담경(膽經), 임맥(任脈), 독맥(督脈)의 경락에 효과가 있다.

⑤ 제 사식 태산 밀어 기(氣) 채취하기

제 4식은 마치 앞에 있는 거대한 태산을 밀어내고 그 다음에 두 손으로 우주의 기(氣)를 채취하여 하단전으로 가져오는 것을 상징한 동작이다. 단전으로부터 노궁(勞宮)으로 기를 운용(運用)하고 다시 우주의 기(氣)를 노궁으로부터 단전으로 가져오는 운기(運氣)에 중점이 있는 초식이다. 양손을 단전으로부터 가슴으로 올리면서 동시에 숨을 들어 마시며, 단전에서 가슴으로 운기하고 다시 가슴에서 마치 앞에 잇는 거대한 태산을 밀어내듯이 양손바닥을 앞으로 밀어낸다. 동시에 숨을 내쉬면서 가슴에서 어깨로 손바닥 노궁으로 운기(運氣)하여 태산을 민다고 의념(意念) 한다. 다시 손바닥이 위로 향하도록 돌려 우주의 기를 채취할 때 동시에 숨을 들어 마시며 손으로 기를 모은다고 의념(意念) 하고 다시 숨을 내쉬면서 양손 주먹을 쥐면서 숨은 내쉬면서 하단전으로 끌어 내리는데, 이 때 모은 기를 단전으로 운기한다고 의념 한다. 주먹을 쥘 때 엄지와 둘째손가락의 소상(少商) 혈과 상양(商陽) 혈이 마주 대도록 하여 폐경(肺經)과 대장경(大腸經)을 자극한다.

이 초식은 호흡과 함께 단전과 손바닥의 노궁(勞宮)사이에 운기가 된다고 의념 함으로 기혈순환이 원활하게 이루어지도록 한다. 경락(經絡)적으로는 폐경(肺經)과 대장경(大腸經)을 자극하여 경락의 소통을 원활하게 하는 효과가 있다. 심리상으로는 태산을 밀고 우주의 기(氣)를 채취하는 선비의 강인함을 기르는 수련 효과가 있다.

⑥ 제 오식 얼굴밀어 돌려 매화꽃 보기

제 오식은 경추를 중점으로 몸통을 좌우로 틀어주고 심리적으로는 선비가 꽃을 완상(玩賞) 함으로 즐겁고 자연을 사랑하는 정서(情緒)를 지니게 한다. 먼저 양팔을 좌우로 벌려 한손은 뺨을 반대쪽으로 밀고, 한손은 허리의 명문(命門) 혈에 갖다 대는 동작의 반복이다. 손으로 뺨을 밀 때 손바닥 전체를 얼굴에 대는 것이 아니고 중지(中指)의 끝을 예풍(翳風) 혈에 대고 밀어준다. 예풍 혈은 귀 밑에 있는 경혈로 삼초(三焦) 경락에 속한다. 안면신경통, 귀의 질환 그리고 하체의 통증에 효과가 있는 경혈이다. 허리의 명문(命門) 혈은 독맥(督脈)에 속하는 경혈로 제2, 제3 요추(腰椎)사이에 위치한다. 명문은 허리의 중심이다. 하단전과 함께 인체의 중심을 이루는 곳이기도 하다. 이곳은 누워있을 경우에 바닥에 내려 있지 않고 어른의 손바닥이 드나들 정도로 사이가 뜬다. 한의학에서는 이곳이 바닥에 완전히 내려앉으면 사망으로 판정한다. 문자적으로 생명이 드나드는 문이라는 의미를 갖고 있다. 그 만큼 인체에 중요한 영향을 미치는 경혈이다. 이곳이 바로 세워지면 척추 전체가 바로 선다. 허리를 오래 세워 사용하는 노동자와 주로 의자에 앉아서 근무하는 사무직 종사자들이 이곳에 의식을 집중하고 바로 세우려고 노력하면 척추 질환을 예방한다. 한손을 이곳에 대고 몸통을 틀어주는 것은 이곳을 축으로 척추를 틀어주어 운동하는 것이다. 예풍 혈에 손을 대고 얼굴을 밀어 주어 목을 반대편으로 밀어주듯이 돌리는 것은 경추(頸椎)를 바르게 하는 운동 효과가 있다. 많은 현대인들이 경추 질환으로 고생하고 있는데 이렇게 경추를 틀어주는 운동은 이러한 질환에 매우 효과적이다. 한편 이 동작은 몸통과 목을 돌려 옆에 잇는 매화를 바라보는 것을 상징하기 때문에 선비가 아름다움과 자연을 완상(玩賞)하여, 즐겁고 긍정적 정서(情緒)를 갖게 하는 효과가 있다.

⑦ 제 육식 허공에 붓글씨 쓰기

이 초식은 몸 앞에서 팔을 움직여 하단전으로부터 머리 위까지 마치 8자를 쓰는 것과 같은 동작을 좌우로 교대하여 반복한다. 8자는 곡선으로 이어져 있고 딱딱한 직선은 한 곳도 없다. 인간이 직선 운동을 하는 것에 비해서 원운동을 하면 신체적이나 심리적으로 부드러워 진다. 그래서 직선적인 서양운동보다는 원운동을 주로 하는 동양의 운동이 심신의 부드러움에 유익하다. 이 동작은 마치 선비가 붓을 들고 허공에다 글씨를 쓰는 것을 상징한 것이고 동작의 구성도 붓글씨를 정성스럽게 쓰는 것 같다. 가급적 손바닥의 방향이 계속하여 하늘을 향하도록 하여 팔이 아래로부터 위로 오르내리며 8자를 쓰는 동작을 통하여 손목, 팔꿈치, 어깨의 3대 관절이 골고루 운동이 되도록 하였다. 따라서 팔꿈치의 엘보나 어깨 질환의 개선과 기능의 강화에 좋다. 또 호흡을 겸하기 때문에 호흡의 능력이 향상되어 근원적인 생명력의 향상을 이룰 수 있다. 심리적으로는 정성스럽게 붓글씨를 씀으로 마음을 정결하고 정성스럽게 하는 효과가 있다.

⑧ 제 칠식 선비 뱃놀이하기

이 초식은 마치 선비가 노를 젓는 동작을 상징화한 것이다. 이 동작 역시 몸통을 좌우로 틀고 손으로 앞을 밀어주는데 제 사식과 다른 것은 몸통을 좌우로 틀어준 다음에 손을 미는 것이다. 이는 적극적으로 척추를 틀어주는 운동적 효과가 있다. 손을 밀어주고 난 다음 밀어줄 때의 긴장을 풀고 부드러움으로 마치 물결이 출렁이듯이 팔과 몸통을 원위치 하고 다시 양손을 허리에 갖다 놓아 반대편으로 반복하여 동작한다. 처음 동작이 양팔을 옆으로 들어 올려 머리위에서 손바닥을 마주대고 다시 손바닥을 붙인 채 가슴까지 내려온 후 소상(少商) 혈과 상양(商陽) 혈을 붙이는 주먹을 쥐고 허리에 붙였다가 바로 몸통을 좌측으로 틀면서 힘차게 노를 밀듯이 양손바닥을 밀어주고 양손의 긴장을 풀어 손끝을 아래로 내리며 물결이 출렁이듯이 몸통과 함께 전방으로 원위치하여 다시 허리 주먹을 붙인다. 이 동작을 통하여 허리와 척추가 강화된다. 운기(運氣)는 하단전에서 가슴을 통하여 노궁으로 다시 가슴을 통하여 하단전에 다시 노궁으로 운기(運氣)하여 노를 밀 때 기(氣)가 발출된다고 의념 한다. 그리고 몸통을 원위치하여 주먹을 허리에 붙일 때 하단전으로 걸어 들이는 것으로 의념 한다. 호흡은 동작과 함께 끊이지 않고 계속하여 고르게 들어 마시고, 내쉬어야 한다. 동작의 타임은 호흡이 뒤 떨어지지 않는 범위까지 하고 무리하지 않는다. 수련을 계속하다보면 호흡의 길이가 늘어나 동작도 그 만큼 길게 하게 되어 근원적인 생명력이 향상된다.

⑨ 제 팔식 거울보고 상투 고치기

제 팔식은 전 동작의 마무리하는 의미를 지닌다. 선비가 열심히 수련한 후에 의관을 정재하고 상투를 고쳐 매는 것을 상징화 한 것이다. 이 동작 역시 몸통을 좌우로 틀어주고 움직인 손을 그대로 원위치하는 것이 아니고 손바닥으로 반대쪽 뺨에서부터 정수리를 지나 다시 다른 뺨을 쓰다듬듯이 하고 손바닥을 세워 측면으로 힘있게 밀어주고 주먹을 쥐고 허리에 붙이고 반대로 반복한다. 손을 반대편으로 밀어줄 때는 몸통을 최대한 틀어주지만 머리를 쓰다듬고 넘어와 손바닥을 뒤집어 세워 밀어줄 때는 몸통을 틀지 않고 시선 만 밀어주는 손등을 바라본다. 이 초식의 효과는 첫째, 팔을 반대편으로 밀고 얼굴 측면과 정수리를 넘고 다시 얼굴 측면을 쓸어 옆으로 밀어줌으로서 어깨를 운동시켜 그 기능을 강화하고 쏠림을 해소한다. 두 번째, 역시 몸통을 좌우로 틀어 줌으로 척추의 기능을 강화하고, 척추의 질환을 개선시킨다. 셋째, 모든 동작을 호흡과 함께 하기 때문에 호흡의 질을 높인다. 심리적 효과는 수련을 다하고 자세를 바로 잡으며 상투를 고쳐 매는 선비의 바른 몸가짐을 의식하기 때문에 심정이 정결하여 지는 효과가 있다.

⑩ 정리 자세

정리 자세는 준비 자세와 동작이 같지만 운기(運氣)와 의식(意識)이 다르다. 준비 자세는 수련을 준비하기 위하여 기(氣)를 일으키고 수련하고자 하는 심리적인 준비를 하는 것에 중점을 두었다면, 정리 자세는 그 반대이다. 먼저 숨을 들어 마시며 팔을 벌리는 동작을 통하여 수련으로 생성된 진기(眞氣)를 가슴까지 모았다가 손을 하단전에 모으며 숨을 깊게 내쉬는 동작을 통하여 가슴에서 하단전으로 기(氣)를 모으는 기침단전(氣沈丹田)을 행한다. 동양의 전통수련에서는 마지막에 기(氣)를 단전에 모으는 수세(守勢), 또는 수공(收功)이 보편화된 현상이다. 수련 후에 기(氣)를 갈무리 하는 것은 중요하다. 정리 자세와 함께 수련으로 긴장했던 심신(心身)을 깊게 이완(弛緩)하여 심신의 평안한 상태를 유지하며 생활할 수 있도록 하는 효과가 있다.

Ⅵ. 선무예의 이론과 실제

1. 선무예의 의의

선무예仙武藝는 인간이 생존방위 혹은 종족유지를 위하여 오래 동안의 사회 생활과 실천 가운데서 점차적으로 쌓이고 풍부하게 발전하여 온 하나의 귀중한 문화 유산이다. 오랬동 안 변화 발전을 하여온 선무예(仙武藝)는 동양 철학의 지혜, 미학의 정취, 예술학의 운치, 문화학의 정신이 응집되어 있다. 이는 무예 자체를 더욱 완벽하게 하였고 최종적으로 무예가 상대적으로 온전하고 독립적인 동양인의 특색을 띤 무예 문화 체계를 이루도록 하였다. 민족적인 체육 활동과 문화 현상으로서의 무예는 소박하고 세련되고 실용적이고 아름다운 신체 활동이다. 무예의 실용적 가치는 확실하게 신체건강의 목적을 위한 것이다. 이와 동시에 무예는 강렬하고 선명한 표현성과 예술적 심미성의 가치를 갖고 있다. 한민족의 우수한 전통 문화로서의 무예의 핵심적 실질은 보건성, 격투성, 예술성 삼위 일체이다. 이 세가지 특성은 무예 창조자들의 깊은 사회 실천과 생활 체험, 정신적 정감과 인생 지혜의 결정체이다. 오랜세월을 거쳐오면서 무예는 전통적인 체육 활동뿐 만 아니라 민족의 문화 오락 활동으로서 물질과 정신의 두가지 방면에서 성과를 거두었다. 무예가 장시간동안 쇠퇴하지 않고 여러 민족의 대중속에서 발전해 올 수 있는 것은 무예의 보건성과 격투성, 예술성이 서로 결합되어 실용성과 심미적 기능을 서로 통일시킨데에 있다. 무예의 이런 근본적인 특성으로 하여 내용이 풍부하고 형식이 다양하고 독특한 기술을 갖춘 여러 가지 종류의 무예 유파와 체계가 형성되었다. 무예의 예술 특성과 심미적 가치에 대한 참다운 연구토론은 동방 무예 문화의 풍부한 함의를 전면적이고 심각하게 통찰할수 있게 한다.

무예는 인간들이 장기간 실천하는 가운데서 창조한 보건성, 무술성과 지금에 이르기까지 무술의 발전 역사는 보건성과 격투기성, 예술성 이 세가지 특성이 어그러짐이 없이 함께 발전해 왔음을 증명해 주고 있다. 여기에서 하나 지적하고자 하는것은 많은 사람들이 무술의 격투기성과 실용성만을 중시하고 무예의 표현 예술성과 심미적 기능에 대해서는 무시했거나 경시했는데 이는 편면적인 인식이다. 독특한 기술과 풍부한 내재적 함의를 갖고 있는 동양 무예는 격투기 공능만을 갖고 있는 것이 아니며 무예의 진면목을 회복한다는 것을 이유로 격투기만 중시하고 표현예술성과 심미성을 배척하거나 부정해서는 절대 안된다. 물론 무예의 본질적 핵심은 격투기이고 격투기의 가장 주요한 역할과 목적은 실제 격투를 위한 것이다. 이는 상고시대 야만적이고 잔혹한 투쟁이나 장기간의 중에서 부락, 민족의 생존과 이익을 위한 투쟁의 수단이었을 뿐이다. 이러한 격투기의 기능은 오늘 날에도 의연히 실용적인 가치를 갖고 있다. 민족의 전통적 체육활동과 문화 현상으로 된 오늘에 무예는 반드시 민족의 정치, 경제, 문화, 예술 등 사회의 발전 환경과 사람들의 정신적 심리 수요에 적응되어야 하며 각종 문화 사상과 각종 사회활동 등 인소의 강렬한 복사와 침투를 받아 형식에서부터 내용에 이르기까지, 양적 변화에서 질적 변화를 갖어 왔다.

2. 선무예의 창안 배경

선무예(仙武藝)는 동양의학의 경락학설(經絡學說),동양 철학의 음양학설(陰陽學說),오행학설(五行學說),무술이론, 양생법의 조심(調心), 조식(調息), 조신(調身)(3조원리)을 토대로 창안되어 따라서 외면(外面)은 무술, 내면(內面)은 도인(導引)으로 불리우며, 천지(天地) 간의 기(氣)를 단전에 모으며 수련하는 것이다.

선무예는 의념집중과 올바른 호흡과 자세라고 하는 3가지의 결합에 의한 것으로 많은 효과를 나타 내었는데 그 밑바탕에는 인간의 생명의 원천인 기(氣)라는 것이 존재하고 있기 때문이다. 앞에서도 기술한 것처럼 외면의 장법과 내면의 기(氣)가 하나가 되는 양생선무예가 되지 않으면 진정한 선무예라고 할 수 없다. 따라서 장(掌)과 기(氣)를 합치는 방법과 복잡한 동작을 쉽게 터득하는 방법을. 강구하여야 한다.

기본인 양생풍류장(養生風流掌)은 무술과 더불어 양생하는 공법이지만 초보자에 있어서 복잡한 공법은 수련하기가 어렵다. 수십여 년간 도인술과 무술의 수련 경험을 바탕으로 간단한 공법을 선택하여 불과 18식의 양생풍류장 기본을 창안하였다. 18공법은 더할 수 없이 간략화 했으나, 그 중에 장법의 기본적인 법칙성을 지닌 것을 포함하여, 간단하고 세련된 동작과 자세, 그리고 도인을 다채로운 내용으로 표현하고 있다.

동적과 정적의 결합 요령은 첫째 준비자세는 똑바로 서서, 양 다리를 어깨 넓이 만큼 벌리고 발끝은 앞으로 향한다. 무릎을 자연스럽게 조금 구부리고, 등에 힘을 빼고 똑바로 서서 다리는 평평히 하고 단단히 지면을 밟는다.

동작할때는 언제나 고개를 바로 들고, 머리에 있는 백회혈을 아주 조금 위로 올리듯 하는 것으로 정신의 고양을 촉진한다.

손가락은 자연스레 벌리고 손끝은 늘어뜨린다. 팔꿈치를 약간 구부리고 팔을 몸에 붙이지 않도록 한다. 정수리에 물이 가득 담긴 그릇을 올려놓은 것 같은 느낌으로 가볍게 힘을 빼고 균형을 취한 상태를 유지한다.

시선은 멀리 전방을 바라보며, 아래 턱을 약간 안쪽으로 끌어들이고 입을 가볍게 다물고 치아를 약간 맞물듯하고 혀 끝을 가볍게 입천장에 댄다.

어깨에 힘을 빼서 내려뜨리고 가슴을 편다. 복부는 기침단전(氣沈丹田)에 따라 충만해진다.

둘째 처음에는 자세를 똑바로 하고 동작을 정확히 연결하여 호흡은 자연스럽게 하며 단전에 주의력을 집중하도록 한다. (의수단전) 이것을 동(動) 속에서 정(靜)을 구한다고 한다.(動中求靜)

셋째 공법이 숙달되어 의식하지 않아도 가능하게 되었다면 도인술의 호흡법과 함께 하도록 한다. 이것을 정(靜)속에서 동(動)을 구한다고 한다.(靜中求動)

3. 선무예의 공법 분류

1) 선무예는 내용적으로 풍류장(風流掌), 풍류선(風流扇), 풍류봉(風流棒), 풍류검(風流劍)으로 무예 양생학(養生學) 내용의 실천적 방법으로 경락(經絡)을 소통시키고 기혈(氣血)을 통하게 하고 부드럽고 느리고 끊임없이 걷고 돌고 변화가 다양하고 조화적이고 자연스러운 동작을 취한다.

1) 풍류장(風流掌)1,2,

2) 풍류선(風流扇)1,2,,

3) 풍류봉(風流棒)1,2,,

4) 풍류검(風流劍)1,2,,

5) 풍류호법((風流護法)

6) 풍류의학(風流醫學) .

2) 선무예 각 공법의 명칭 의의

공법의 명칭에 사용된 풍류의 의미는 최치원의 우리나라에 현묘지도인 풍류 또는 풍월을 차치하고라도 우리의 생활속에 이미 스며들어 풍류를 즐기고, 풍류를 즐기는 사람을 풍류객이라고도 하고 또는 풍류남아라고도 하듯이 예부터 우리의 생활은 멋과 풍류였다.

이미 이론편에서 기술했듯이 다시 살펴 보면 풍류(風流)의 사전적 의미는 우아하고 멋스러운 정취(情趣)이다. 본래 선인(先人)들, 특히 성현(聖賢)들의 유풍(遺風) · 전통을 말하였으나, 점차 고상한 아취(雅趣) · 멋스러움을 말하게 되었다.

◇박기동의 견해를 간추려 보면

1. 天地人 三才의 균형과 조화 그것이 풍류도이다.

2. 풍류도를 달리 말하자면 大自然敎라 할 수 있다.

3. 儒佛道 三敎도 大自然 품에선 玄妙 하나로 돌아갈 수밖에 없다.

4. 왜 이 강산은 仙의 나라인가? 풍류도가 있기 때문이다.

5. 왜 이 나라에 풍류도가 생겼는가? 江山이 더 없이 오묘하기 때문이다.

6. 풍류도야 말로 公害로 죽어가는 지구촌을 살리는 길이다.

위의 내용을 종합하건대 풍류(風流)란 우리 민족의 시작과 함께한 우리의 생활 자체를 의미한다고 결론지을 수 있다. 풍류(風流)는 하늘에서의 생활이며, 지상에서 하늘을 그리며, 그 생활의 연속이 바로 풍류이다. 다시 말하면 풍류가 한국 선도(仙道)의 다른 이름이라고 할 수 있는 것이다. 한국 선도의 문헌적 특징 중의 하나는 중국과 같은 기록이 없다는 것이다. 이러한 이유에 대하여 많은 의견이 있다. 삼국통일을 하면서 당(唐)이 모든 기록을 수레에 싫고 갔다는 설(說)도 있고, 일제 강점기에 일본이 우리 민족의 정체성을 말살하기 위하여 조작과 변질을 시도하고 자료를 파기했다는 설(說) 등이 있는데, 그 진정한 이유는 우리 민족의 생활 자체가 멋스럽고 참스럽고, 조화로운 풍류(風流)였고, 그것이 바로 한국 선도(仙道)의 참 모습이기 때문이다. 우리 배달민족의 생활과 전통이 곧 풍류이고 선도(仙道)이기 때문에 달리 별도로 학문적으로 연구하여 기록할 필요가 없었던 것이다.

부도지에서 마고성을 나와 지구촌 곳곳으로 흩어지면서

그러나 스스로 수증(修證)하기를 열심히 하여, 미혹함을 깨끗이 씻어, 남김이 없으면, 자연히 복본(復本)할 것이니, 노력하고 노력하시오.」하였다.

여기서의 복본(復本)을 위해서 수증(修證)하기를 열심히 한다는 것은 선도(仙道)의 실천, 즉 선무예(仙武藝)의 수련이며, 다시 말해서 참, 멋, 그리고 조화된 생활을 통하여 한(하늘) 민족의 성품을 잊지 말자고 다짐한 것이다.

자세한 것은 다시 이론편을 참고하기 바란다.

4. 선무예의 특징과 의의

1) 선무예는 기(氣)의 원 운동이다.

양생 무예학에서 볼 때 기(氣)는 생명의 근본 원천으로써 인체 생명 활동을 구성하고 유지해주는 기본 물체이다. 사람이 살아 있다는 것은 기(氣)가 모여 있음을 말한다. 모이면 살아있고 흩어지면 죽는다.라고 하였다. 이러한 옛 글은 모두 인간의 생명은 부모의 정기로써 생성되고 호흡의 기와 수곡(水穀)의 정기(精氣)로 양육됨을 설명해준다.

기(氣)와 혈(血)의 관계를 보면 기는 양(陽)이고 혈은 음(陰)이다. 기(氣)와 혈의 관계는 음양이 서로 순응하고 서로 돕고 서로 의존하는 관계이다. 기(氣)는 혈을 생성하고 혈을 돌리고 혈을 섭취한다. 그러므로 기(氣)는 혈의 모체라 한다.기(氣)는 혈을 이끈다.기(氣)가 돌면 혈이 순환하고 기(氣)가 멈추면 혈이 뭉치게 된다.이는 혈이 뭉치게 되는 대부분의 원인은 기(氣)가 막히는데서 비롯된다. 그러나 기(氣)도 언제나 혈액에 의존하면서 몸 전체를 돌고 있다. 그러므로 혈은 기(氣)를 위한 보좌다. 라고 한다. 혈은 기를 저장할 수 있다. 이로부터 기와 혈은 밀접한 관계를 갖고 있고 기가 중심인 것을 알 수 있다. 기가 조화로우면 안정되고 기가 혼란스러우면 병이 나고 기가 흩어지면 죽는다. 때문에 양생풍류장은 기를 취하고 기를 단련하고 기를 모으고 기를 양생하는 것을 아주 중요하게 여긴다. 마음과 정신이 안정된 상태에서 각기 오른손과 왼손의 노궁혈(勞宮穴)에서 일월의 기(氣)를 채기하여 기(氣)의 바다로 돌려보내고 그것으로써 기(氣)를 충족시킨다. 펼치고 모으는 것으로 기(氣)를 끌어올린다. 봄바람에 버들가지가 날리는 것은 힘은 허리에서 시작하고 뿌리는 발밑에 내리고 기력은 몸 전체에 관통되고 내력은 손에 다달아야 한다는 전체 원기로 신장의 기를 수련해야 한다. 또한 수태음폐경(手太陰肺經)과 수양명대장경(手陽明大腸經)을 비롯하여 각 경락을 자극하여 오장의 기를 단련하는 것이다. 여기서 집고 넘어갈 것은 풍류장을 수련시엔 온갖 잡념을 버리고 대뇌를 깨끗이 비우고 안정된 상태에서 기(氣)를 단련해야 한다.

기(氣)를 취하고 기(氣)를 수련하고 기(氣)를 모으고 기(氣)를 양생하는 네 가지 가운데서 기(氣)를 양생하는 것이 제일 중요하다. 성장의 요소는 기(氣)를 양생하는 것을 근본으로 하는 것이다.

이상에서 우리는 양생(養生)의 도리는 기(氣)를 사랑하고 기(氣)를 수련하는데 있음을 알 수 있다. 기(氣)를 어떻게 양생할 것인가? 진나라(晉代)의 갈홍(葛洪)은 양생은 상하지 않게 하는 것을 기본으로 한다라고 했다. 고대에 제일 장수했다고 기재되어 있는 팽조(彭祖)는 장수의 비결은 우선 상하지 않게 하는 것이다.라고 하면서 상하지 않게 하는 일곱 가지 방법을 내놓았다. 우울하고 비애에 잠기면 사람이 상한다. 춥고 더운 것이 비정상적이면 사람이 상한다. 기쁨이 지나치면 사람이 상한다. 분노를 삭이지 못하면 사람이 상한다. 깊이 생각하고 기억력이 뛰어나면 사람이 상한다. 생활중에 피로가 과도하면 특히 정신의 과도한 피로는 기를 상하게 하고 사람을 상하게 한다. 때문에 수련 전에 심리 조절을 잘하여 잡념을 배제하기에 노력해야 한다. 또 수련 가운데서 안정된 상태에서 대뇌를 정화해야 한다. 뿐만 아니라 일상생활 가운데서 사욕을 제거하고 터무니없는 생각을 적게 하고 일곱 가지 정감의 과도로 신기(神氣)가 상하는 것을 통제하여야 하며 적은 데로부터 시작하고 자기로부터 시작하고 지금으로부터 시작하는 것을 중히 여기고 왕성한 원기로써 건강을 찾아야 하고 정력을 튼튼히 하는 것으로써 건강, 장수의 목적에 도달해야 한다.

2) 선무예 공법은 경락을 자극한다.

동의(東醫)에서는 경락이 인체의 기와 혈의 통로라고 한다. 경락은 전신에 분포되어 있고 안으로는 오장육부와 연계되어 있고 겉으로는 사지와 근육, 피부, 오관, 구혈(九窮)과 연계되어 있어 가로 세로 복잡한 연락망(聯絡罔)을 이루고 있다. 이는 12경맥(十二經脈), 기경팔맥(寄經八脈)(奇經八脈), 15경락(十五經脈), 12경별(十二經別), 12경근(十二經筋), 12피부(十二皮膚)을 포함한 헤아릴 수 없는 말초 혈관과 연계되어 있다. 12경맥(十二經脈)을 예를 들면 다음과 같다. 12경맥은 12오장육부에 속하는 경맥으로서 하나의 오장 육부는 모두 각기 하나 하나의 경락과 이어져있고 좌우로 나눠 머리로부터 몸, 사지에 이르기까지 온몸에 관통되어 있어 경락계통(經絡系統)의 주체를 이룬다. 12경 가운데 또 음경(陰經), 양경(陽經)의 구별이 있다. 음경(陰經)은 장락부(臟絡腑)에 속하고 양경(陽經)은 부락장(腑絡臟)에 속하며 그 음경(陰經)과 양경(陽經)도 서로 교차되어 경락을 통해 전하여주고 있다. 그 교체 상황을 설명하면 다음과 같다. 수3음(手三陰)은 가슴에서 시작되어 손에 이르러 수삼양(手三陽)과 교차되고 수삼양(手三陽)은 손에서 시작되어 머리에 이르러 족삼양(足三陽)과 교차되고 족삼양(足三陽)은 머리에서 시작되어 발에 이르러 족삼음(足三陰)과 교차되고 족삼음(足三陰)은 발에서 시작되어 가슴에 이르러 수삼음(手三陰)과 교차된다. 이같이 음양(陰陽)이 서로 관통하고 끊임없이 반복적으로 순환한다.

손으로 휘감는 것과 발의 동작을 중요시 하는 것은 선무예의 뚜렷한 특징의 하나로서 이는 전체 공법 동작이 전반적으로 활용되고 있다.생활 가운데서 동작이 많고 다양하고 변화가 빈번하지만 대부분 자연적으로 형성된 것이다. 그러나 선무예의 동작은 의식적으로 선회 하는 가운데 움직이며 목적적으로 선회하며 행한다.움직임은 선회로 부터 시작되어 행하는것은 감는것에서 정지한다. 이는 온몸의 경락(經絡)을 소통시키고 전신의 기와 혈을 막힘없이 잘 통하게 하는 것으로 양생에 아주 유익하다

선무예는 휘감는 동작을 강조하여 각 경맥에 대한 자극을 하는데 적극적인 작용을 한다. 이로써 병이 있으면 병을 치료하고 병이 없으면 몸을 건강하게 하는 효과가 있다. 예로서 상지(上肢)의 휘감기 동작은 수삼음경(手三陰經)과 수삼양경(手三陽經)을 소통시켜 심폐를 강하게 하고 마음을 안정시키고 폐를 편하게 하고 호흡을 고르게 하고 장을 원활하게 하여 뭉친것을 없애주며 물길을 통하게 하고 열을 없애고 막힌 것을 통하게 한다

하체(下肢)의 휘감기 동작은 족삼음경(足三陰經)과 족삼양경(足三陽經)을 막힘없이 통하게 하여 몸을 보양하여 기를 돕고 신장의 기를 섭취하여 튼튼히 하며 음을 보충하여 화를 내리누르고 간을 편안하게 하여 담낭을 좋게 한다. 허리와 척추를 돌리는 것은 신장을 튼튼히 하고 허리를 강하게 하고 기를 걷어 들여 선천적 것을 조절하여 후천적인 것을 보충한다.

손목과 발목의 동작을 중요시 하는 것은 양생풍류장이 질병을 예방, 치료하고 신체를 건강히 하고 장수를 기하는 중요한 단계의 하나이다. 이것은 12경맥은 손목과 발목 부근에 각기 중요한 경혈(經穴)인 원혈(原穴)이 있기 때문이다. 동의(東醫)에서는 원혈은 오장육부 원기가 통하고 머무르는 부위라고 인정하면서 어느 하나의 장기의 병적 변화는 그 경(經)의 원혈에서 나타난다고 본다. 때문에 동양의학에서는 오장에 병이 있으면 십이원(十二原)에서 찾는다.. 원혈(原穴)은 내장 질병 치료에 중요한 작용을 한다.

3) 선무예는 심신(心身)을 동시 수련한다.

마음(心)과 몸(身)은 인체 생명을 구성하는 두개의 중요한 요소로써 그 어느 하나도 없어서는 안 된다.

몸을 완전하게 하는 것은 마음의 주도하에 경락(12경맥, 15락맥, 기경팔맥(奇經八脈) 등의 연계를 통하여 체내의 오장육부(五臟六腑)와 체외의 사지 백해(四肢百骸)를 통일된 총체로 형성시킴으로써 오장이 튼튼하고 혈맥이 조화롭고 근육이 탄탄하고 피부가 치밀하고 영기(營氣)와 위기(衛氣)의 흐름이 정상적으로 되고 호흡이 고르고 기가 잘 통하고 육부가 편안하고 진액을 잘 나게 하는 것이다.

정신이 완전하게 하는 것은 선천적인 것 과 후천적으로 서로 고도의 조화를 통해 최대의 효과를 발휘하는 것이다. 즉 후천적으로 응용 능력을 남김없이 발휘시켜 일을 성취하는 것과 선천적인것이 완전무결하게 보호되어 병을 예방하고 수명을 연장하는 것을 결합시키는 것이다.

다시 말해서 인체 생명의 대계통 가운데서 마음(神)과 몸(身)이 인체 생명을 구성하는 두개의 요소지만 인체 생명가운데서 처한 지위는 서로 다르다. 몸은 인체 생명이 체류하는 집이고 기는 생명을 충실히 하는 원천이며 정신은 생명을 좌우하는 주체이다.

선무예 수련은 완전한 정신을 더 중시한다. 선무예는 사람들에게 수련전이나 수련 중, 수련 후에도 잡념을 제거하고 대뇌를 정화시키고 마음과 정신의 안정을 요구한다. 희(喜), 노(怒), 우(憂), 사(思), 비(悲), 공(恐), 경(驚), 이 일곱 가지 감정(七情)을 적당히 하고 절욕(節欲)해야 하고 합리적인 음식과 적당한 수면을 강구해야 한다. 이래야 선천의 기를 비교적 잘 보양했다고 할 수 있다. 양생풍류장은 선천기를 보양한 토대위에 또 후천의 기가 선천의 기에 대한 간섭을 중요시하고 있다. 정신을 가다듬는 방면에서 마음으로 지키는 것을 허용하지 않고 무의식적으로 요구하는 것을 허용하지 않으며 마음으로 서로 상조하고 무의식에 빠지며 끊임없이 이어져 내려가고 지키는 것 같기도 하고 지키지 않는 것 같기도 하다.이밖에 양생풍류장은 덕을 쌓고 정신수양을 하는 것을 으뜸으로 하고 사람들에게 하나를 지킬 수 있다면 만 가지를 버리고 이익에 유혹되지 말고 해로움에 겁을 먹지 말아야 한다 그러나 사람들은 천태만상의 세계에서 살아가고 있기에 이러한 사상은 사회적, 자연적인 영향은 받게 되며 여러 가지의 자극에 대해 상응한 반응을 보이고 있다. . 늘 새로운 사상관념으로 낡은 사상관념을 대체하고 새로운 도덕규범으로 낡은 도덕규범을 대체하며 문명하고 건강하고 과학적인 생활방식을 제창하고 우매하고 낙후한 풍속습관을 극복해야 한다. 원신(元神)에 대한 간섭을 방지하는 것은 지혜를 늘리고 병을 제거하고 생명을 연장하는 목적에 달할 수 있다.

4) 선무예 동작은 자연스러워야 한다.

선무예 기본 공법 동작은 모두 의식을 집중 하고 동작은 자연스러워야 한다. 의식을 집중 하는 것은 사람의 풍모와 자태, 기색과 풍채, 정신과 운치가 대범하고 자연스러운 것을 가리킨다. 동작이 여유스러움은 동작의 조형 구성이 느리고 대범하며 마음이 시원하고 넓으며 관절놀림이 원활한 것을 말한다. 자연스럽고 대범하다는 것은 사람의 행동과 정신이 자연스럽고 대범하며 억지로 하지 않고 구속받지 않는다는 것을 말한다. 뛰어나다는 것은 동작이 소탈하고 자연스러우며 민첩하고 틀에 짜이지 않고 남보다 뛰어난 것을 말한다.

5) 선무예의 원리를 이해해야 한다.

첫째, 점진성(漸進性)의 원리로서 선무예는 일종의 수련법이다. 평소 연습을 게을리하지 말고 열심히 행하여만 비로소 경지에 달할 수 있다.

따라서 성급하게 하지 말고 순서에 따라 차근차근 행하여야만 한다. 연습시간은 처음에는 짧고 그리고 차츰 늘려간다.

수련의 효과를 높이고 부작용을 방지하려면 초조하게 생각지 말고 의욕을 갖고 행하는 것이 중요하다.

둘째, 지구성(持久性)의 원칙으로서 선무예 수련이란 스스로의 조절 능력으로 특히 의식의 지배를 받지 않는 내장 활동을 조절하는 능력을 키우는 일이다. 이것은 하루아침에 이루어지는 것은 아니다.

생리학적으로 보면 선무예 수련은 조건반사를 형성하고 그것을 강화시킬 수 있으며 그것을 일정 시간 필요로 한다.

도중에 수련을 중단하면 얻었던 효과도 곧 사라져 버린다. 계속해서 조건 반사를 강화시키지 않는다면 그 효과는 서서히 사라져 버릴 것이다. 이러한 이유에서 선무예는 일상생활의 한 부분으로 자리매김하는 것이 바람직하다.

셋째, 자연성(自然性)의 원칙으로 자연성이란 객관적인 자연 법칙이나 자연조건을 충분히 활용하여 적극적이며 주체적으로 수련하는 것을 말한다.

현대인들은 고대(古代)의 수행자들처럼 깊은 산속에 들어가 수행 할 수는 없다. 그러므로 가능하면 자연환경에 가까운 장소, 이를테면 공원이나 교외 등을 택하여 수련하는 것이 좋다.

그러면 잡념도 사라지게 되어 억지로 제거할 필요도 없을 것이다. 특히 처음 선무예를 수련하려는 사람은 억지로 잡념을 제거하려고 해서는 안 된다.

자연의 원칙에 위배되면 기(氣)를 너무 사용하는 것이 된다. 기가 흩어지고 정신이 피로하면 부작용이 일어날 수도 있다.

넷째, 개별성(個別性)의 원칙으로서 개개인의 체질, 체격 등을 고려하여 수련하는 것이 효과적이다.

그 때문에 예로부터 무예를 수련할 때에는 지도자의 지도를 받아야만 한다고 했다. 하지만 여러 가지 사정으로 인해 지도를 받을 수 없을 때에는 우선 자신에게 맞도록 스스로 수련해야 한다.

어느 방법에 있어서는 일시적으로 이상한 느낌을 받을 수도 있으나 대부분의 방법을 따라 하면 심신이 모두 경쾌해짐을 느낄 수 있을 것이다. 그것은 그 방법이 자신에게 적합하여 효과가 있다는 것을 알려 주는 것이다.

다섯째, 방법의 선택으로, 선무예를 수련하는 과정은 조건반사를 형성하는 과정으로 계속적으로 행하여야만 한다.

따라서 어느 한 종류의 방법을 선택했다면 그것을 단련시키고 나서 다음 과정으로 들어가야만 한다. 여러 가지 방법을 시도하면 혼란을 일으켜 결국은 한 가지도 제대로 할 수가 없게 된다.

일반적으로 흥분성인 사람은 정공 계통의 방법을, 억제성인 사람은 동공 계통의 공법을 선택하면 좋을 것이다. 방법을 선택했으면 수련 장소나 시간을 정하고 행하는 편이 효과가 빠르다.

선무예에 관련된 서적 등을 읽고 수련할 때에는 사전에 이론과 요령을 충분히 이해하고 나서 실시하도록 한다.

연습 중에도 이따금 이론과 요령에 맞게 하고 있는지 가끔 점검해 볼 필요가 있다. 추측과 상상은 언제나 부작용을 초래 할수 있다.

6) 선무예의 필수적 수련법이다.

선무예를 수련함에 있어 필수적으로 기본 수련부터 해야한다.조신법, 조식법, 소심법등이다.

(1) 체위법 (體位法)
체위법 (體位法)이란 선무예 수련 중에 조신법으로 자세를 어떻게 조정하여야만 이 선무예 수련의 요구에 부합하는지를 일컫는 것으로서, 즉 자세를 조정하는 방법을 말한다. 좌식, 와식, 입식, 동법 등에서도 모두 자세를 소중히 여긴다. 이것은 선무예을 수련하는 데 있어서 제일 먼저 필수적으로 파악해야 할 방법이다.

좌식법,평좌식, 결가부좌식, 와식법, 앙와식, 측와식, 자연입식,

(2) 이완법(弛緩法)
이완법은 선무예의 조신(調身)에 있어서 가장 중요한 일환으로서 가장 기초적인 단련법이다. 동공수련의 기초와 정공의 기초이기도 하다. 이완법에는 여러 단계와 절차가 있는데 이러한 순서에 따라 신체의 각 부위에 주의를 집중시키고 마음 속으로 이완한다는 생각을 결합시켜 서서히 근육과 관절및 내장에 이르기까지 전신을 느슨하게 할 수 있다.

전신이 자연스럽게 조정되면 몸이 가뿐해지고 기분이 상쾌해지는 까닭에 생각이나 유기체 및 내장의 각종 긴장 상태를 없앨 수 있다. 동시에 주의력을 서서히 집중시키면 잡념을 배제시킬 수 있고 심신을 편안하게 할 수 있다. 외내부이완법, 부분이완법,

(3) 호흡법 (呼吸法)
호흡을 조정하는 것은 조식법으로 호흡을 선무예의 단련 수요에 적응시키기 위한 것이며 이는 선무예의 조식에 있어서 매우 중요한 일환으로서 인체 내의 기를 축적, 발동 운행시키는 방법이다. 호흡법에는 자연호흡법, 복식호흡법, 단전호흡법, 태식법, 등이 있다.

(4) 행기법 (行氣法)
행기법(行氣法)은 선무예의 단련에 있어서 매우 중요한 한 가지 방법이다. 이것은 반드시 일정한 단련에 도달하여야만 이 내기가 발동할 때 일반적으로 득기 현상이 나타나며 행기의 감각을 느낄 수 있게 된다. 의념으로 도인(導引)하는 작용을 거쳐 복식호흡과 서로 결합시켜

야만 의념인기와 의념행기를 할 수 있고, 내기의 이동과 운행을 차츰차츰 국력을 촉

진시킬 수 있으며 선무예의 공력을 높은 단계로 향상시킬 수 있다. 행기법에는 관기법(貫
氣法), 단전운행법(丹田運行法),주천운행법등이 있다.

(5) 입정법(入靜法)

입정은 선무예의 조심법(調心法)에 있어서 중심이 되는 일환이다. 이 호흡법의 단련은 대
뇌의 사유활동을 감소 내지 정지시켜 고도로 안정되고 쾌적한 상태에 이르게 하는 것이다.
이 법은 내기를 취합, 저장하여 인체의 기를 충족하게 해 주고 정신을 왕성하게 해 준다. 일
상적으로 사용하는 입정법에는 수식법 (數息法), 묵념법(黙念法), 송정법(松靜法) 등이다.

(6) 의수법 (意守法)

의수는 선무예의 조심법에 있어서 의념을 단련시키는 중요한 방법으로 수련 과정중 만약
잡념이 있을때 여러 가지 생각을 일념 잠기면서 입정(入靜)을 촉진하는 것이다. 이 법은 의
념(意念)과 기를 결합해 인체의 내기를 이동시키는 것으로서 내기의 취합과 운행을 촉진시
켜 준다. 일반적으로 사용하는 단전의수법(丹田意守法), 명문의수법(命門意守法)등이다.

7) 풍류장 공법 효과

선무예의 수련은 손목관절과 발목관절이 규칙적이고 반복적인 동작을 한다. 선무예 수련
은 12개 경락에 대한 자체 자극으로써 손가락으로 침을 대체하는 작용을 한다. 때문에 선무
예 수련은 경락의 기와 혈의 운행을 증강시킬 뿐만 아니라 음양의 생리기능을 조화시키는
작용을 하며 경락의 저항능력을 높여 주며 원기를 보호하고 오장이 안정하고 몸을 건강하
게 하는 효과를 거둘 수 있다

5.선무예의 기본 구성

1) 수형태

1. 권(拳): 중지, 무명지와 새끼 손 가락을 손바닥에 굽히고 중충점(中沖点)이 노궁(勞宮)

을 누르고 소상(少商)과 상양혈(商陽穴)이 서로 접해져 있다.

2. 장(掌): 다섯 손가락을 조금씩 벌려 곧게 펴고 식지를 조금 위로 쳐들고 엄지손가락과 대어제(大魚際)는 자연스럽게 안으로 거두어들이고 손바닥이 오목하게 이루어진다.

3. 구(勾): 중지와 무명지, 새끼 손 가락을 손바닥 한가운데 굽히고 엄지를 식지위에 세우고 소상과 상양혈이 서로 접해있고 손목을 위로 치켜든다.

4. 팔자장(八字掌): 중지와 무명지, 새끼 손 가락을 손바닥에 굽히고 엄지 손 가락과 식지를 八자형으로 한다.

2) 안법

자세를 고정시켰을 때는 눈을 앞으로 , 손의 움직임을 보고 동작을 변화 시킬때는 정신을 집중하여 동작에 따라 정신을 몰두 해야 하며, 기색은 자연스러워야 한다.

3) 신형태와 신행법

(1) 신형태

- 머리 : 위로 약간 들어 올리는데 아래턱은 안으로 약간 내린다. 머리는 한쪽으로 기울려서도 않되고 좌우로 흔들어서도 않된다.
- 목 : 자연스럽게 쭉펴고 목의 근육은 긴장상태에 있지말아야 한다.
- 어깨 : 어깨에 힘을 주지말고 자연스럽게 아래로 내리며 뒤로 젖혀서도 안되고 앞으로 움추려도 안된다.
- 팔굽 : 자연스럽게 아래로 내리고 뻣뻣해서는 않되며 마음대로 흔들어 줘서도 않된다.
- 흉부 : 편안하게 펼치고 밖으로 쭉 펴지도 말고 안으로 움추려도 안된다.
- 등 : 등은 자연스럽게 펴고 너무똑바로 세울 필요도 없고 곱사 등을 하여도 않된다.
- 허리 : 자연스럽게 편안하게 두고 움직임이 영활해야 하고 항상 허리를 축으로 손과 발을 움직여야 한다.
- 척추 : 척추는 항상 똑바라야 하고 좌우로 비뚤어 져서는 않되고 앞으로나 뒤로 너무 젖혀서도 않된다.
- 엉덩이와 사타구니 : 엉덩이는 안으로 힘을 주고 뒤로 내밀거나 흔들어서는 안되며 사타구니는 좌우로 마음대로 움직여서는 않된다.

• 무릎 : 굽히고 펼 때 부드럽고 자연스러워야 한다.

(2) 신행법

몸은 항상 단정하고 자연스럽우며 한쪽으로 너무 지탱하지도 않고 기울어져서도 않되며 움직임 동작이 대담해야 하며 몸의 돌림이 활발해야 한다.절대 뻣뻣하고 몸의 움직임에 기복이 심해서는 않된다.몸을 움직일 때 허리를 축으로 아래위를 같이 움직인다

4) 보형태와 행보법

(1) **궁형세(弓形勢)**는 앞쪽 다리의 발바닥 전체를 바닥에 딛고 무릎을 굽히되, 무릎 끝이 발끝을 넘지는 않아야 하며, 나머지 한쪽 다리는 곧게 뻗되 발끝은 안으로 돌려 전방 45도에 위치하고 양발 사이의 폭은 약 10~ 20cm이다.

다리는 자연스럽게 펴고, 양발 끝은 앞을 향하되 뒷발끝을 밖으로 20도 이상 벌리면 안되고 양발의 폭은 어깨넓이 정도다(그림1, 2).

그림 1   그림 2

(2) **허형세(虛形勢)** 한 다리의 무릎을 반쯤 구부리되 발바닥 전체를 바닥에 대며, 발끝은 앞을 향한다. 반대 측 다리는 약간 굽혀 발끝이나 뒷꿈치를 바닥에 댄다(그림 3).

그림 3

(3) **마보형(馬形勢)**에서는 (그림 4).

.양발 끝은 앞을 향하고, 기마자세를 취한다.

(4) **부보형(仆形勢)에서는** 한쪽 다리는 완전히 구부려 앉되 무릎과 발끝은 밖으로 벌리며, 다른 한쪽 다리는 자연스럽게 쭉 펴는데, 지면과 되도록 가까이 평형을 이루어야 하며, 발끝은 안으로 모으고 양발을 지면에 붙인다(그림 5).

그림 5

5) 행보법

(1) 진보법

① 한다리를 지탱하고 다른 다리는 들어 지탱한 발의 안쪽을 스쳐 앞으로 내 딛는데, 뒷꿈치를 먼저 땅에 대고 중심을 앞으로 옮기면서 발바닥 전체를 땅에 댄다(그림 6).

그림 6

(2) 퇴보법

① 한다리를 지탱하고 다른 다리는 지탱한 다리의 안쪽을 지나 한발 뒤로 내딛는데, 발바닥의 앞쪽을 먼저 땅에 대고 나서 중심을 뒤로 이동하여 발바닥 전체를 땅에 댄다(그림 7).

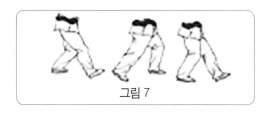

그림 7

(3) 횡보법

① 한다리는 지탱하고 다른 한쪽 다리는 들어 옆으로 벌리는데, 발바닥 앞쪽을 먼저 땅에 대고 나서 중심을 옆으로 이동하며, 발바닥 전체를 땅에 대면서 차츰 다리를 버터 선다. 다른 쪽 다리는 들어 버틴 다리 안쪽에 나란히 내딛는데, 발바닥 앞쪽을 먼저 땅에 딛고 나서 중심을 옆으로 옮기며 발바닥 전체를 땅에 대고 버틴 다리를 의지한다.

② 한 다리를 지탱하고 나머지 다리를 옆으로 벌리며, 발 뒤꿈치를 먼저 땅에 대는데, 뒤꿈치를 축으로 발끝을 밖으로 약 45도 돌린 후 중심을 옆으로 이동하고 나서 발바닥 전체를 땅에 대고, 차츰 버틴 다리의 뒤쪽으로 끼우되 발바닥 앞쪽을 먼저 땅에 대고 나서 중심을 옆으로 이동한 후 발바닥 전체를 땅에 대며 지탱한 다리를 넘는다.

③ 한 다리를 지탱하고 다른 다리는 옆으로 벌리되 뒤꿈치를 먼저 땅에 대고, 뒤꿈치를 축으로 발끝을 45도 밖으로 벌리며 중심을 옆으로 이동하고 나서 발바닥 전체를 땅에 대어 다리를 지탱한다. 다른 한발의 발뒤꿈치를 축으로 발끝을 안쪽으로 모아 버틴 다리 안쪽 옆으로 붙여 서되 양발끝 방향은 서로 같다. 이어서 발뒤꿈치를 축으로 발을 밖으로 45도 벌린 후 발바닥을 땅에 대며 버틴 다리를 의지하고, 다른 발은 뒤꿈치를 축으로 발끝은 안으로 모아, 나란히 서는 발의 폭은20cm정도이다.

운족법은 앞으로 다가서는 것과 뒤로 물러서는 것을 바꾸어가면서 사용하고 허실이 분명하고 영활하고 발걸음이 가벼워야 한다. 앞으로 내딛일 때는 발굽을 먼저 땅에 닿게 하고 뒤로물러 설때는 발끝이 먼저 땅에 닿게 하여야 한다. 발이 움직임에 따라 몸의 중심 이동이 온정하고 균일하게 해야 한다. 두다리 거리는 상황에 따라 적당해야 하고 발을 돌릴 때도 돌리는 각도가 적당해야 한다. 무릎은 영활하고 자연스러워야 한다. 다리를 편다고 하여도 너무 뻣뻣하게 펴서는 안된다.

6. 양생풍류장의 기본 장법(掌法)

1) 기본 장법

(1) 장추법
장을 수직으로 세워두고 장첨을 위로 향하게 하고 손바닥을 앞으로 향하게 하며 뒤에서부터 왼쪽 앞으로 밀어 낸다. 힘은 장신의 중부에 둔다.

(2) 장삭법
장을 평형으로 반대쪽의 아래에서 자신의 흉부 앞을 지나 같은 쪽의 위로 경사지게 들어준다. 장첨은 사람의 머리위를 약간 초과해야 한다.

(3) 장벽법

장을 세워서 힘을 장신에 주어 위에서 아래로 내리 친다. 류벽장은 반드시 장을 한바퀴 원형으로 돌린 다음 앞으로 아래로 내리친다.

(4) 장란법

좌(우)란장: 장을 안으로(밖으로) 돌려 왼쪽(오른쪽)의 아래에서 오른쪽(왼쪽)의 앞으로 경사지게 내밀어 주는데 장첨은 좌쪽(우쪽)의 앞으로 아래로 향한다. 힘은 장의 앞 장인에 준다.

(5) 장료법

장을 하부로부터 상부로 쳐올리는 것을 말하는데 힘을 장의 앞 부분에 주어야 한다. 전방으로 료장하는 것은 자신의 몸에 가까운 부위에서 팔을 밖으로 돌려 손바닥이 위로 향하게 하며 역의 방향으로 료장하는 것은 자신의 몸의 가까운 부위에서 팔을 안으로 돌려 장을 위로 향하게 한다.

(6) 장자법

장을 수평으로 들거나 세워서 앞으로 내밀어 주는 것을 찌른다 힘은 장의 장첨에 주고 팔과 장은 일직선을 이룬다. 평자장(平刺劍)은 장첨이 사람의 흉부와 같은 위치에 있고 상자장(上刺掌)은 장첨이 사람의 머리보다 조금 높다. 하자장(下刺掌)은 장첨이 사람의 무릎과 같은 위치에 있고 탐자장(探刺掌)은 팔을 내측으로 돌리고 손바닦을 밖으로 향하게 하며 장은 사람의 어깨위에서 앞으로 위로 찌른다.

(7) 장참법

장을 수평으로 들고 좌쪽으로 옆으로 내밀어 사람의 머리와 어깨사이의 높이 만큼 올려 주는데 힘은 장신에 준다.

(8) 장압법

장을 수평으로 들고 있다가 손바닦을 아래로 향하게 하며 눌러 준다. 장첨은 앞으로 향한다.

(9) 장절법

장신이 경사지게 위로 향하거나 아래로 향하는 것을 절(截: 자른다는 뜻)이라고 한다. 힘은 장신의 앞부분에 주며 상절장은 장을 위로 향하게 하고 하절장은 장을 아래로 향하게 한다.

(10) 장대법

장을 수평으로 하여 앞으로 왼쪽(오른쪽)으로 팔을 굽혀 장을 뽑는 것을 대장이라고 한다. 팔목은 흉부보다 높지 말아야 하며 장첨은 경사를 이루어 앞으로 향하며, 장신의 중부, 뒤부분에 힘을 주어야 한다.

(11) 장탁법

장을 세워서 들고 있다가 장을 수평위치로 놓아두는데 손바닥은 아래로 향하고 손목과 머리가 같은 위치에 있고 장신의 중부에 힘을 준다.

(12) 장천법

장을 세워서 들었다가 장을 사람의 몸에 붙여 아래로 호의 방향으로 운동한다. 힘은 장첨에 닿게 한다.

(13) 장가법

장을 들었다가 손바닥을 밖으로 향하게 하고 아래에서 오른쪽 위로 움직인다. 장은 머리 위에 놓여져 있으며 장신은 수평으로 놓여져 있고 힘을 장에 준다.

(16) 장말법

장을 수평으로 몸 앞에서 호선으로 한쪽에서 다른 한쪽으로 빙 돌려 장을 흉부와 복부의 사이에 놓는다. 힘은 장신에 준다.

(17) 장제법

장을 세워 들고 손바닥을 밖으로 향하게 하며 손목을 위로 추켜들어 머리와 같은 위치 혹은 조금 높게 들어주고 장첨이 아래로 향하게 한다.

2) 양생풍류장 명칭

1) 명칭

준비세

제1식, 선인채기세　(仙人采氣勢)

제2식, 탁양환주세　(托梁換柱勢)

제3식, 추산진해세　(推山進海勢)

제4식, 고안출군세　(孤雁出群勢).

제5식, 와룡장신세　(臥龍藏身勢)

제6식, 미녀인침세　((美女紉針勢)

제7식, 춘풍파류세　(春風擺柳勢)

제8식, 붕조비상세　(鵬鳥飛上勢)

제9식, 순수견양세　(順手牽羊勢)

제10식, 금계독립세　(金鷄獨立勢)

제11식, 순수추주세　(順手推舟勢)

제12식, 신구거정세　(神龜擧鼎勢)

제13식, 쌍용희주세　(雙龍戲珠勢)

제14식, 낙화유수세　(洛花流水勢)

제15식, 순풍전타세　(順風轉舵勢)

제16식, 성동격서세　(聲東擊西勢)

제17식, 추창망월세　(推窓望月勢)

제18식, 기침단전세　(氣沈丹田勢)

종결세

3) 풍류장 행법

준비자세

동작 : 두 발을 모으고 선다. 몸은 자연스럽게 서고 머리와 목을 단정히 한다. 아래턱은 안으로 조금 걷어들이고 두 팔은 몸의 양옆에 늘어뜨린다. 가슴과 배는 편안하고 느슨하게 하고 정신을 집중하고 잡념을 없앤다. 호흡은 자연스럽게 하고 눈은 수평으로 앞을 본다.

제1식 선인채기세

동작 : 두발로 모아서 자연스럽게 서서 머리를 바로한다.양팔은 내리고 정신을 집중한다. 왼손을 하복부 앞을 지나 손을 서서히 위로 올려 머리 위를 호형을 그리며 내리며 단전위에 손을 놓는다.

이어서 오른손도 왼쪽방향으로 돌려 원을 그리며 왼손위에 올려 놓는다.시선은 손을 따라간다.

호흡 : 손을 올릴 때 마시고 내릴 때 쉰다.

의념 ; 의념을 집중하고 잡념을 없애버린다.

제2식 탁양환주세

동작 : 무릎을 약간 굽히며 몸은 45°정도 좌로 향하며 양팔을 좌우로 벌려 기둥을 안드시 오른쪽으로 몸을 돌려 어깨를 약간 뒤로 빼며 좌궁보세를 하며 왼손밑으로 관수로 앞을 찌른다. 시선은 앞을 향한다.

호흡 : 양팔을 벌일 때 마시고 손을 찌를 때 내쉰다.

의념 : 의념은 노궁에 둔다.

제3식 추산진해세

호흡 ; 양수를 벌일 때 흡기하고 탁장 할 때 호기한다. 동작;손을 걷우어 양수로 포물선을 좌우로 그리며 하부에서 탁장을 한다. 자세는우족을 일보 내딛고추장을 한다 . 시선은 외노궁을 본다.

의념 : 단전에 둔다.

제4식 고안출군세

동작: 양수를 둥글게 당기며 우허보법을 하며 양수장을 위로 받들 듯이 위를 향하여 올리 듯하며 우족을 좌측 후편으로 전환하며 좌헐보세법을 취하며 좌수는 하향하고 우관수를 나선형으로 위로 찌르듯이 한다. 시선은 손을 따른다.

호흡 : 손을 올릴 때 마시고 손을 올릴 때 내쉰다.

의념 : 하단전에 둔다.

제5 와룡장신세

동작 : 서서히 일어서며 우측으로 우족을 옮기며 양수로 각각 원을 그리며 헐보세를 하며 우측으로 수도를 비스듬하게 호형을 그리며 후려내린다. 시선은 손을 따른다.

호흡 : 일어 설 때 흡기하고 수참시에 호기한다.

의념 : 노궁에 둔다.

제6식 미녀인침세

동작: 일어서며 몸을 좌측 뒤로 돌려 우수에 손등을 좌수장에 친 후 우측으로 우수를 돌려 쳐올리듯이하며 다시돌려 관수를 눕혀서 앞을 찌른다. 시선은 손을 따른다.

호흡 : 몸을 전환시에 마시고 찌를 때 내쉰다.

의념 : 하단전에 둔다.

제7식 춘풍파류세

동작 : 우수도를 좌측으로 치며 좌수족이 나가며 좌수를 돌린다음 우족이 나가며 우수를 안으로 감은 다음 수장을 앞으로 우궁보세법을 취하며 밀어내듯이 한다. 시선 손을 향한다.

호흡 : 동작시 마시고 장추시에 마신다.

의념 : 노궁에 둔다.

제8식 붕조비상세

동작 : 우수를 약간 들어올리며 우족이 한발 나가며 몸을 돌린다음 좌족을 후로 옮기며 몸을 돌려준 후 우수를 돌려 장으로 압하며 자세를 취한다. 시선은 손을 본다.

호흡 : 전환시에 흡기하고 우측전환시 호기한다.

의념 : 노궁에 둔다.

제9식 순수견양세

동작 : 전신을 좌로 향하며 수도로 팔자형으로 돌리며 다시 손등으로 치며 다시 아래로 좌부보법자세를 취하며 누르듯이 한다음 다시 몸을 우향하며 누르듯이 한다. 시선은 외노궁에 둔다.

호흡 : 전신시 마시고 누를시에 내쉰다.

의념 : 외노궁에 둔다.

제10식 금계독립세

동작 : 서서히 몸을 일으키며 좌측을 향하여 좌수는 앞을 향하고 우수는 어깨위에 손을 둔다. 시선은 손

호흡 : 상체를 들 때 흡기하고 좌로 할 때 호기한다.

의념 : 하단전에 둔다.

제11식 순수추주세

동작 : 우수를 뒤로 돌리며 좌족이 나가며 이어 우족이 나가며 돌아서서 우궁보세에서 양수를 잡듯 쥐어짠다. 시선은 양수에 둔다.

호흡 : 전환시에 마시고 압권시에 내쉰다.

의념 : 양수에 둔다.

제12식 신구거정세

동작 : 좌측으로 몸을 서서히 돌리며 양수를 이마 앞쪽에 가볍게 앞으로 놓으며 이어서 양수를 주먹을 쥐며 뒤로 넘겨 어깨에 메듯이 한다. 시선은 앞을 향한다.

호흡 : 양수 올릴시 마시고 어깨위에 놓을시 내쉰다.

의념 : 하단전에 둔다.

제13식 쌍용희주세

동작 : 이어 우족을 뒤로하며 돌아 양수첨으로 앞을 찌른다. 시선은 손을 본다.

호흡 : 전환시에 흡기하고 찌를 때 호기한다.

의념 : 노궁에 둔다.

제14조 낙화유수세

동작 : 좌측으로 몸을 돌리며 양팔을 좌우로 원을 그려 올리며 가슴 앞으로 양수장으로 마
보세를 취하며 무릎을 누르듯이 한다. 시선은 양수에 둔다.

호흡 : 양수를 벌일시 마시고 누를시에 내쉰다.

제15조 순수전타세

동작 : 서서히 손을 올려 우측으로 향하며 수도로 치듯이하고 이어 좌측으로 수도를 치듯
이 한다. 시선은 손에 둔다.

호흡 : 손을 올릴시 마시고 양수를 향할시 내쉰다.

의념 : 양수에 둔다.

제16조 성동격서세

동작 : 서서히 좌측을 향한 상태에서 우족을 앞을 향하여 수장을 우족등으로 가볍게 쳐올린다. 시선은 앞을 본다.

호흡 : 축도 준비시에 마시고 축도시에 내쉰다.

의념 : 단전에 둔다.

제17조 추창망월세

동작 : 서서히 좌측으로 양손을 올려 우측으로 손을 돌리며 우족을 좌족 뒤로 나가며 헐보세를 취하며 포물선을 그린다. 시선은 양수에 둔다.

호흡 : 손을 돌릴시 마시고 굽힐시 내쉰다.

의념 : 하단전에 둔다.

제18조 기침단전세

동작 : 서서히 전환하며 우측을 향해 돌리며 양수를 크게 원을 그리며 손을 위로 올리며 다 엎어 서서히 손을 내리며 기침단전을 한다.

호흡 : 손을 벌일시 마시고 내릴시 내쉰다.

의념 : 하단전에 둔다.

정리자세

전동작에 이어. 의념으로 기를 모아서 기해에 돌려보내 기를 왕성하게 해야 한다. 동작을 서서히 하고 온 몸을 느슨하게 해야 한다. 마지막으로 두 손을 신체의 양측에 내리들이고 발을 모으고 똑바로 선다. 즐거움을 얻은 심정으로 천천히 동작을 마친다.

7. 양생 풍류검 기본 검법과 행법

1) 기본 검법

(1) 검점법
팔을 자연스럽게 펴고 검을 세워서 든후 손목을 움직여 검의 끝이 위에서부터 앞으로 아래로 点擊(점격)하는데 힘은 반드시 검첨부분에 주어야 한다.

(2) 검삭법
검을 평형으로 들고 있다가 반대쪽의 아래에서 자신의 흉부 앞을 지나 같은 쪽의 위로 경사지게 들어준다. 검첨(劍尖)은 사람의 머리위를 약간 초과해야 한다.

(3) 검벽법
검을 세워서 들었다가 힘을 검신에 주어 위에서 아래로 내리 친다. 掄劈劍(륜벽검)은 반드시 검을 한바퀴 원형으로 돌린 다음 앞으로 아래로 내리친다.

(4) 검란법
좌(우)란검: 검을 세워들었다가 팔을 안으로(밖으로) 돌려 왼쪽(오른쪽)의 아래에서 오른쪽(왼쪽)의 앞으로 경사지게 내밀어 주는데 검첨은 좌쪽(우쪽)의 앞으로 아래로 향한다. 힘은 검의 앞 검인에 준다.

(5) 검료법
검을 세워 들고 있다가 위에서부터 아래로 끌거내리는 것을 말하는데 힘을 검인의 앞 부분에 주어야 한다.정의 방향으로 료검하는 것은 자신 몸의 가까운 부위에서 팔을 밖으로 돌려 손바닥이 위로 향하게 하며 , 역의 방향으로 료검하는 것은 자신의 몸의 가까운 부위에서 팔을안으로 돌려 손바닥을 위로 향하게 한다.

(6) 검봉법
두 손바닥을 위로향하게 겹쳐서(왼손이 오른 손의 아래에 있다) 검을 잡고 검첨을 앞으로 향하게 하는데 손목보다 약간 높다.

(7) 검자법

검을 수평으로 들거나 세워서 앞으로 내밀어 주는 것을 찌른다 힘은 검의 검첨에 주고 팔과 검은 일직선을 이룬다. 평자검(平刺劍)은 검첨이 사람의 흉부와 같은 위치에 있고 상자검(上刺劍)은 검첨이 사람의 머리보다 조금 높다.하자검(下刺劍)은 검첨이 사람의 무릎과 같은 위치에 있고 , 탐자검(探刺劍)은 팔을 내측으로 돌리고 손바닥을 밖으로 향하게 하며 검은 사람의 어깨위에서 앞으로 위로 찌른다.

(8) 검참법

검을 수평으로 들고 좌쪽으로 옆으로 내밀어 사람의 머리와 어깨사이의 높이 만큼 올려 주는데 힘은 검신에 준다.

(9) 검붕법

검을 세워 들고 팔목을 꺽어 주면서 검이 위로 향하게 한다. 팔목에서 힘을 주어 검봉에 닿게 한다.

(10) 검압법

검을 수평으로 들고 있다가 손바닥을 아래로 향하게 하며 눌러 준다. 검첨은 앞으로 향한다.

(11) 검교법

검을 수평으로 들었다가 손바닥을 위로 향하게 하는데 돌리는 방향은 검첨이 손목 관절을 축으로 오른쪽에서 왼쪽으로 시계가 도는 반대방향으로 작은 원을 그려 준다. 힘은 검의 앞부분에 닿게 한다.

(12) 검절법

검신이 경사지게 위로 향하거나 아래로 향하는 것을 절(截: 자른다는 뜻)이라고 한다. 힘은 검신의 앞부분에 주며 상절검은 검을 위로 향하게 하고 하절검은 검을 아래로 향하게 한다.

(13) 검대법

검을 수평으로 쥐고 앞으로 왼쪽(오른쪽)으로 팔을 굽혀 검을 뽑는 것을 대검이라고 한다. 팔목은 흉부보다 높지 말아야 하며 검첨은 경사를 이루어 앞으로 향하며 , 검신의 중부, 뒤부분에 힘을 주어야 한다.

(14) 검탁법

검을 세워서 들고 있다가 검을 수평위치로 놓아두는데 손바닥은 아래로 향하고 손목과 머리가 같은 위치에 있고 검신의 중부에 힘을 준다.

(15) 검천법

검을 세워서 들었다가 검을 사람의 몸에 붙여 아래로 호의 방향으로 운동한다. 힘은 검첨에 닿게 한다.

(16) 검가법

검을 세워서 들었다가 손바닥을 밖으로 향하게 하고 아래에서 오른쪽 위로 움직인다. 검은 머리 위에 놓여져 있으며 검신은 수평으로 놓여져 있고 힘을 검신에 준다.

(17) 검소법

검을 수평으로 잡아 준다음 좌(우)로 한 평면위에서 움직이는데 그 움직임의 범위는 90°이고, 검의 위치는 허리 위를 초과하지 말아야 하며 힘은 검인에 준다.

(18) 검말법

검을 수평으로 쥐여주고 본인의 몸 앞에서 호선으로 한쪽에서 다른 한쪽으로 빙 돌려 검을 흉부와 복부의 사이에 놓는다. 힘은 검신에 준다.

(19) 검추법

검신을 수직으로 세워두고 검첨을 위로 향하게 하고 손바닥을 앞으로 향하게 하며 뒤에서부터 왼쪽 앞으로 밀어 낸다. 힘은 검신의 중부에 둔다.

(20) 검계법

검을 세워두고 검첨을 앞에서 아래로 같은쪽 혹은 다른 쪽으로 몸에 붙여 밀어 준다. 힘은 검신의 앞 부분에 준다.

(21) 검제법

검을 세워 들고 손바닥을 밖으로 향하게 하며 손목을 위로 추켜들어 머리와 같은 위치 혹은 조금 높게 들어주고 검첨이 아래로 향하게 한다.

2) 양생 풍류검 행법

준비자세

동작 : 좌수로 검을 잡고 발을 모으고 선다. 몸은 자연스럽게 서고 머리와 목을 단정히 한다. 아래턱은 안으로 조금 걷어들이고 두 팔은 몸의 양옆에 늘어뜨린다. 가슴과 배는 편안하고 느슨하게 하고 정신을 집중하고 잡념을 없앤다. 호흡은 자연스럽게 하고 눈은 수평으로 앞을 본다.

제1식 선인채기세

동작 : 검을 좌수로 잡고 두발로 모아서 자연스럽게 서서 머리를 바로한다.양팔은 내리고 정신을 집중한다. 왼손을 하복부 앞을 지나 손을 서서히 위로 올려 머리 위를 호형을 그리며 내리고 단전에 손을 놓는다.

이어서 오른손도 왼쪽방향으로 돌려 원을 그리며 왼손위에 올려 놓는다.시선은 손을 따라 간다.

호흡 : 손을 올릴 때 마시고 내릴 때 쉰다.

의념 ; 의념을 집중하고 잡념을 없애버린다.

제2식 탁양환주세

동작 : 무릎을 약간 굽히며 몸은 45°정도 좌로 향하며 양팔을 좌우로 벌려 나무를 안듯이 하며 이어서 오른쪽으로 몸을 돌려 어깨를 뒤로 빼며 좌궁보세를 하며 왼손아래로 관수로 앞을 찌른다.시선은 앞을 향한다.

호흡 : 양팔을 벌일 때 마시고 손을 찌를 때 내쉰다.

의념 : 의념은 노궁에 둔다.

제3식 추산진해세

동작 : 관수를 서서히 위로 호를 그리며 동시에 좌수도 아래로 호를 그린다. 오른발을 우측으로 옮긴 후 구수를 만들어 우측으로 당기며 전신을 좌측으로 틀며 나팔꽃 피듯이 수장으로 민다. 좌수는 우수밑에 둔다.시선은 손을 향한다.

호흡 : 양손을 호형을 그릴 때 마시고 이어서 내쉰다.

의념 : 의념은 노궁에 둔다.

제4식 고안출군세

동작 : 양수를 둥글게 당기며 우허보법을 하며 양수장을 위로 받들 듯이 위를 향하여 올리듯하며 우수로 검을 잡고 우족을 좌측 후편으로 전환하며 좌헐보세법을 취하며 좌수는 하향하고 검을 나선형으로 위로 찌르듯이 한다. 시선은 검을 따른다.

호흡 : 검을 올릴 때 마시고 검을 찌를때 내쉰다.

의념 : 하단전에 둔다.

제5식 와룡장신세

동작 : 서서히 일어서며 우측으로 우족을 옮기며 양수로 각각 원을 그리며 헐보세를 하며 우측으로 검을 비스듬하게 호형을 그리며 후려내린다. 시선은 손을 따라간다.

호흡 : 일어 설 때 마시고 칠 때 내쉰다.

의념 : 노궁에 둔다.

제6식 미녀인침세

동작 : 일어서며 몸을 좌측 뒤로 돌려 우수에 손등을 좌수장에 친 후 우측으로 우수를 돌려 쳐올리듯이하며 다시돌려 검을 앞으로 찌른다. 시선은 손을 따른다.

호흡 : 몸을 전환시에 마시고 찌를 때 내쉰다.

의념 : 하단전에 둔다.

제7식 춘풍파류세

동작 : 검을 좌측으로 치며 좌수족이 나가며 좌수를 돌린다음 우족이 나가며 검을 안으로
감은 다음 검을 앞으로 우궁보세법을 취하며 추검 한다. 시선 손을 향한다.

호흡 : 전환시 마시고 검추시에 내쉰다.

의념 : 노궁에 둔다.

제8식 봉조비상세

동작 : 검을 약간 들어올리며 우족이 한발 나가며 몸을 돌린다음 좌족을 후로 옮기며 몸을
돌려준 후 우수를 돌려 검병으로 압하며 자세를 취한다. 시선은 손을 본다.

호흡 : 전환시에 마시고 압검시에 내쉰다.

의념 : 노궁에 둔다.

제9조 순수견양세

동작 : 전신을 좌로 향하며 검으로 팔자형으로 돌리며 다시 손등으로 치며 다시 아래로 좌부보법자세를 취하며 누르듯이 한다음 다시 봄을 우향하며 누르듯이 한다. 시선은 검에 둔다.

호흡 : 팔자형시 마시고 누를시에 내쉰다.

의념 : 외노궁에 둔다.

제10조 금계독립세

동작 : 서서히 몸을 일으키며 검을 우측으로 원형을 그리며 한바퀴 돌린다음 금계독립세를 취한다. 시선은 앞을 본다.

호흡 : 원형을 그릴시 마시고 독립시에 내쉰다.

의념 : 하단전에 둔다.

제11조 순수추주세

동작 : 검을 뒤로 돌리며 좌족이 나가며 이어 우족이 나가며 돌아서서 우궁보세에서 검인을 45도 아래로 추검한다..시선은 검인에 둔다.

호흡 : 전환시에 마시고 추검시에 내쉰다.

의념 : 양수에 둔다.

제12조 신구거정세

동작 : 좌측으로 몸을 서서히 돌리며 양수로 검을 이마 앞쪽에 가볍게 앞으로 놓으며 이어서 양수로 검을 쥐며 뒤로 넘겨 어깨에 메듯이 한다.시선은 앞을 향한다.

호흡 : 검을 올릴시 마시고 어깨에 놓을시 내쉰다.

의념 : 하단전에 둔다.

제13조 쌍용희주세

동작 : 서서히 우족을 빼며 전환하며 양수로 검을 잡고 우측을 향하여 우궁보세로 밀어 찌른다. 시선은 검에 둔다.

호흡 : 전환시에 마시고 추검시에 내쉰다.

의념 : 하단전에 둔다.

제14조 낙화유수세

동작 : 좌측으로 몸을 돌리며 양팔을 좌우로 원을 그려 올리며 가슴 앞으로 양수장으로 마보세를 취하며 무릎을 누르듯이 하며 검을 좌수로 바꿔잡는다. 시선은 앞을 본다..

호흡 : 양수를 벌일시 마시고 누를시에 내쉰다.

의념 ; 하단전에 둔다.

제15조 순수전타세

동작 : 서서히 손을 올려 우측으로 향하며 수도로 치듯이하고 이어 좌측으로 수도를 치듯이 한다. 시선은 손에 둔다.

호흡 : 손을 올릴시 마시고 양수로 향할시 내쉰다.

의념 : 하단전에 둔다.

제16조 성동격서세

동작 : 서서히 좌측을 향한 상태에서 우족을 앞을 향하여 수장을 우족등으로 가볍게 쳐올린다. 시선은 앞을 본다.

호흡 : 축도 준비시에 마시고 축도시에 내쉰다. 의념: 단전에 둔다.

제17조 추창망월세

동작 : 서서히 좌측으로 양손을 올려 우측으로 손을 돌리며 우족을 좌족 뒤로 나가며 헐보세를 취하며 양수를 포물선을 그린다. 시선은 양수에 둔다.

호흡 : 손을 돌릴시 마시고 굽힐시 내쉰다.

의념 : 하단전에 둔다.

제18조 기침단전세

동작 : 서서히 전환하며 우측을 향해 돌리며 양수를 크게 원을 그리며 손을 위로 올리며 다 엎어 서서히 손을 내리며 기침단전을 한다. 시선은 앞을 본다.

호흡 : 손을 벌일시 마시고 내릴시 내쉰다.

의념 : 하단전에 둔다.

정리자세

전동작에 이어. 의념으로 기를 모아서 기해에 돌려보내 기를 왕성하게 해야 한다.동작을 서서히 하고 온 몸을 느슨하게 해야 한다. 마지막으로 두 손을 신체의 양측에 내리들이고 발을 모으고 똑바로 선다. 즐거움을 얻은 심정으로 천천히 동작을 마친다.

8. 양생풍류봉(養生風流棒)의 기본 봉법과 행법

1) 기본 봉법

(1) 봉점법
팔을 자연스럽게 펴고 봉을 세워서 든후 손목을 움직여 봉의 끝이 위에서부터 앞으로 아래로 点擊(점격)하는데 힘은 반드시 봉첨부분에 주어야 한다.

(2) 봉삭법
봉을 평형으로 들고 있다가 반대쪽의 아래에서 자신의 흉부 앞을 지나 같은 쪽의 위로 경사지게 들어준다. 봉첨(棒尖)은 사람의 머리위를 약간 초과해야 한다.

(3) 봉벽법
봉을 세워서 들었다가 힘을 봉신에 주어 위에서 아래로 내리 친다. 류벽봉법은 반드시 봉을 한바퀴 원형으로 돌린 다음 앞으로 아래로 내리친다.

(4) 봉란법

좌(우)란봉 : 봉을 세워들었다가 팔을 안으로(밖으로) 돌려 왼쪽(오른쪽)의 아래에서 오른쪽(왼쪽)의 앞으로 경사지게 내밀어 주는데 봉첨은 좌쪽(우쪽)의 앞으로 아래로 향한다. 힘은 봉의 앞 봉인에 준다.

(5) 봉료법

봉을 세워 들고 있다가 위에서부터 아래로 끌거내리는 것을 말하는데 힘을 봉인의 앞 부분에 주어야 한다. 정의 방향으로 봉료법은 자신 몸의 가까운 부위에서 팔을 밖으로 돌려 손바닥이 위로 향하게 하며 , 역의 방향으로 봉료하는 것은 자신의 몸의 가까운 부위에서 팔을 안으로 돌려 손바닥을 위로 향하게 한다.

(6) 봉봉법

두 손바닥을 위로향하게 겹쳐서(왼손이 오른 손의 아래에 있다) 봉을 잡고 봉첨을 앞으로 향하게 하는데 손목보다 약간 높다.

(7) 봉자법

봉을 수평으로 들거나 세워서 앞으로 내밀어 주는 것을 찌른다 힘은 봉의 앞부분에 주고 팔과 봉은 일직선을 이룬다. 평자봉(平刺棒)은 봉첨이 사람의 흉부와 같은 위치에 있고 봉상자(棍上刺)법은 봉첨이 사람의 머리보다 조금 높다.봉하자(棍下刺)법은 봉첨이 사람의 무릎과 같은 위치에 있다.

(8) 봉참법

봉을 수평으로 들고 좌쪽으로 옆으로 내밀어 사람의 머리와 어깨사이의 높이 만큼 올려 주는데 힘은 봉신에 준다.

(9) 봉붕법

봉을 세워 들고 팔목을 꺾어 주면서 봉이 위로 향하게 한다. 팔목에서 힘을 주어 봉봉에 닿게 한다.

(10) 봉압법

봉을 수평으로 들고 있다가 손바닦을 아래로 향하게 하며 눌러 준다. 봉첨은 앞으로 향한다.

(11) 봉교법

봉을 수평으로 들었다가 손바닦을 위로 향하게 하는데 돌리는 방향은 봉첨이 손목 관절을 축으로 오른쪽에서 왼쪽으로 시계가 도는 반대방향으로 작은 원을 그려 준다. 힘은 봉의 앞부분에 닿게 한다.

(12) 봉절법

봉신이 경사지게 위로 향하거나 아래로 향하는 것을 절(截: 자른다는 뜻)이라고 한다. 힘은 봉신의 앞부분에 주며 상절봉법은 봉을 위로 향하게 하고 하절봉법은 봉을 아래로 향하게 한다.

(13) 봉대법

봉을 수평으로 쥐고 앞으로 왼쪽(오른쪽)으로 팔을 굽혀 봉을 뽑는 것을 봉대법이라고 한다. 팔목은 흉부보다 높지 말아야 하며 봉첨은 경사를 이루어 앞으로 향하며 , 봉신의 중부, 뒤부분에 힘을 주어야 한다.

(14) 봉탁법

봉을 세워서 들고 있다가 봉을 수평위치로 놓아두는데 손바닦은 아래로 향하고 손목과 머리가 같은 위치에 있고 봉신의 중부에 힘을 준다.

(15)봉천법

봉을 세워서 들었다가 봉을 사람의 몸에 붙여 아래로 호의 방향으로 운동한다. 힘은 봉첨에 닿게 한다.

(16)봉가법

봉을 세워서 들었다가 손바닦을 밖으로 향하게 하고 아래에서 오른쪽 위로 움직인다. 봉은 머리 위에 놓여져 있으며 봉신은 수평으로 놓여져 있고 힘을 봉신에 준다.

(17) 봉소법

봉을 수평으로 잡아 준다음 좌(우)로 한 평면위에서 움직이는데 그 움직임의 범위는 90°이고, 봉의 위치는 허리 위를 초과하지 말아야 하며 힘은 봉인에 준다.

(18) 봉말법

봉을 수평으로 쥐어주고 본인의 몸 앞에서 호선으로 한쪽에서 다른 한쪽으로 빙 돌려 봉을 흉부와 복부의 사이에 놓는다. 힘은 봉신에 준다.

(19) 봉추법

봉신을 수직으로 세워두고 봉첨을 위로 향하게 하고 손바닥을 앞으로 향하게 하며 뒤에서 부터 왼쪽 앞으로 밀어 낸다. 힘은 봉신의 중부에 둔다.

(20) 봉계법

봉을 세워두고 봉첨을 앞에서 아래로 같은쪽 혹은 다른 쪽으로 몸에 붙여 밀어 준다. 힘은 봉신의 앞 부분에 준다.

(21) 봉제법

봉을 세워 들고 손바닥을 밖으로 향하게 하며 손목을 위로 추켜들어 머리와 같은 위치 혹은 조금 높게 들어주고 봉첨이 아래로 향하게 한다.

2) 양생풍류봉 행법

준비자세

동작 : 두 발을 모으고 선다. 몸은 자연스럽게 서고 머리와 목을 단정히 한다. 아래턱은 안으로 조금 걷어들이고 두 팔은 몸의 양옆에 늘어뜨린다. 가슴과 배는 편안하고 느슨하게 하고 정신을 집중하고 잡념을 없앤다. 호흡은 자연스럽게 하고 눈은 수평으로 앞을 본다.

의념 : 단전

제1식 선인채기

동작 : 봉을 좌수로 잡고 두발로 모아서 자연스럽게 서서 머리를 바로한다.양팔은 내리고 정신을 집중한다. 왼손을 하복부 앞을 지나 손을 서서히 위로 올려 머리 위를 호형을 그리며 내리며 단전위에 손을 놓는다.

이어서 오른손도 왼쪽방향으로 돌려 원을 그리며 왼손위에 올려 놓는다.시선은 손을 따라간다.

호흡 : 손을 올릴 때 마시고 내릴 때 쉰다.

의념 : 의념을 집중하고 잡념을 없애버린다.

제2식 탁양환주세

동작 : 무릎을 약간 굽히며 몸은 45°정도 좌로 향하며 양팔을 좌우로 벌려 나무를 안 듯이 하며 이어서 오른쪽으로 몸을 돌려 어깨를 약간 뒤로 빼며 좌궁보세를 하며 왼손밑으로 관수로 앞을 찌른다. 시선은 앞을 향한다.

호흡 : 양팔을 벌일 때 마시고 손을 찌를 때 내쉰다.

의념 : 의념은 노궁에 둔다.

제3식 추산진해세

동작 : 관수를 서서히 위로 호를 그리며 동시에 좌수도 아래로 호를 그린다. 오른발을 우측으로 옮긴 후 구수를 만들어 우측으로 당기며 전신을 좌측으로 틀며 나팔꽃 피듯이 수장으로 민다. 좌수는 우수밑에 둔다. 시선은 손을 향한다.

호흡 : 양손을 호형을 그릴 때 마시고 이어서 내쉰다.

의념 : 의념은 노궁에 둔다.

제4식 고안출군세

동작 : 양수를 둥글게 당기며 우허보법을 하며 양수장을 위로 받들 듯이 위를 향하여 올리듯하며 우족을 좌측 후편으로 전환하며 좌헐보세법을 취하며 좌수는 아래로 장을 나선형으로 위로 찌른다. 시선은 손을 본다.

호흡 : 손을 올릴 때 마시고 손을 올릴 때 내쉰다.

의념 : 하단전에 둔다.

제5식 와룡장신세

동작 : 서서히 일어서며 우측으로 우족을 옮기며 양수로 각각 원을 그리며 헐보세를 하며 우측으로 장을 비스듬하게 호형을 그리며 후려내린다. 시선은 손을 따라간다.

호흡 : 일어 설 때 마시고 칠 때 내쉰다.

의념 : 노궁에 둔다.

제6식 미녀인침세

동작 : 일어서며 몸을 좌측 뒤로 돌려 우수에 손등을 좌수장에 친 후 우측으로 우수를 돌려 쳐올리듯이하며 다시놀려 관수를 눕혀서 앞을 찌른다. 시선은 손을 따른다.

호흡 : 몸을 전환시에 마시고 찌를 때 내쉰다.

의념 : 하단전에 둔다.

제7식 춘풍파류세

동작 : 우수도를 좌측으로 치며 좌수족이 나가며 좌수를 돌린다음 우족이 나가며 우수를 안으로 감은 다음 수장을 앞으로 우궁보세법을 취하며 밀어내듯이 한다. 시선 손을 향한다.

호흡 : 동작시 마시고 장추시에 마신다.

의념 : 노궁에 둔다.

제8식붕조비상세

동작 : 우수를 약간 들어올리며 우족이 한발 나가며 몸을 돌린다음 좌족을 후로 옮기며 몸을 돌려준 후 우수를 돌려 장근으로 압하며 자세를 취한다. 시선은 손을 본다.

호흡 : 전환시에 마시고 압장시에 내쉰다.

의념 : 노궁에 둔다.

제9조 순수견양세

동작 : 전신을 좌로 향하며 수도로 팔자형으로 돌리며 다시 손등으로 치며 다시 아래로 좌부보법자세를 취하며 누르듯이 한다음 다시 몸을 우향하며 누르듯이 한다. 시선은 외노궁에 둔다.

호흡 : 팔자형시 마시고 누를시에 내쉰다.

의념 : 외노궁에 둔다.

제10조 금계독립세

동작 : 서서히 몸을 일으키며 장을 우측으로 원형을 그리며 한바퀴 돌린다음 금계독립세를 취한나.시선은 앞을 본다.

호흡 : 원형을 그릴시 마시고 독립시에 내쉰다.

의념 : 하단전에 둔다.

제11조 순수추주세

동작 : 우수를 뒤로 돌리며 좌족이 나가며 이어 우족이 나가며 돌아서서 우궁보세에서 장을 양수로 아래로 밀어낸다 .시선은 양수에 둔다.

호흡 : 전환시에 마시고 장압시에 내쉰다.

의념 : 양수에 둔다.

제12조 신구거정세

동작 : 좌측으로 몸을 서서히 돌리며 장을 이마 앞쪽에 가볍게 앞으로 놓으며 이어서 양수로 장을 뒤로 넘겨 어깨에 멘다. 시선은 앞을 향한다.

호흡 : 장을 올릴시 마시고 어깨위에 놓을시 내쉰다.

의념 : 하단전에 둔다.

제13조 쌍용희주세

동작 : 서서히 우족을 빼며 전환하며 장첨으로 우측을 향하여 우궁보세로 밀어 찌른다.

호흡 : 전환시에 마시고 장추시에 내쉰다.

의념 : 양노궁에 둔다.

제14조 낙화유수세

동작 : 좌측으로 몸을 돌리며 양팔을 좌우로 원을 그려 올리며 가슴 앞으로 양수장으로 마보세를 취하며 무릎을 누르듯이 한다좌수로 장을 잡는다.. 시선은 양수에 둔다.

호흡 : 양수를 벌일시 마시고 누를시에 내쉰다.

의념 : 하단전에 둔다.

제15조 순수전타세

동작 : 서서히 손을 올려 우측으로 향하며 수도로 치듯이하고 이어 좌측으로 수도를 치듯이 한다.시선은 손에 둔다.

호흡 : 손을 올릴시 마시고 양수를 향할시 내쉰다.

의념 : 양수에 둔다.

제16조 성동격서세

동작 : 서서히 좌측을 향한 상태에서 우족을 앞을 향하여 수장을 우족등으로 가볍게 쳐올린다 .시선은 앞을 본다.

호흡 : 축도 준비시에 마시고 축도시에 내쉰다.

의념 : 단전에 둔다.

제17조 추창망월세

동작 : 서서히 좌측으로 양손을 올려 우측으로 손을 돌리며 우족을 좌족 뒤로 나가며 헐보세를 하며 양수를 포물선을 그린다. 시선은 손에 둔다.

호흡 : 손을 돌릴시 마시고 굽힐시 내쉰다.

의념 : 하단전에 둔다.

제18조 기침단전세

동작 : 서서히 전환하며 우측을 향해 돌리며 양수를 크게 원을 그리며 손을 위로 올리며 다 엎어 서서히 손을 내리며 기침단전을 한다.

호흡 : 손을 벌일시 마시고 내릴시 내쉰다.

의념 : 하단전에 둔다.

정리자세

전동작에 이어. 의념으로 기를 모아서 기해에 돌려보내 기를 왕성하게 해야 한다.동작을 서서히 하고 온 몸을 느슨하게 해야 한다. 마지막으로 두 손을 신체의 양측에 내리들이고 발을 모으고 똑바로 선다. 즐거움을 얻은 심정으로 천천히 동작을 마친다.

국사편찬위원회(1987), 中國正史朝鮮傳, 서울: 국사편찬위원회

국사 편찬위원회(2007) 나라를 지켜낸 우리무기와 무예,서울:국사편찬 위원회

무예제보번역속집(1610)

무예신보(1759)

박기동(1990), 한국체육사상에 있어서 풍류, 강원대학교 체육과학 연구소 논문집, Vol.15 p37~45

박병관(2010), 청한자 김시습의 내단사상 연구, 한서대학교 건강증진대학원, 석사학위 논문

박완식(2005), 성리자의 서울: 여강 출판사

박현옥 외3인(2003), 도인양생기체조, 서울; 북피아

박희진(1996), 풍류도란 무엇인가? 숲과 문화 연구회 학술지 Vol.5 NO.4 p53~5

이영훈(2010), 무도의 삼조수련 방법론으로서 풍류도인법에 대한 해석, 명지대학교 산업대 학원, 석사학위 논문

이인상(1992), 한자원리 자해집, 서울: 미래문화사

이중재(1994), 상고사의 재발견, 서울: 동신출판사

이현수(2006), 용호비결의 수련방법론적 고찰, 한국정신과학학회지, Vol.10-1, p1~20

이현수(2007), 퇴계의 활인심방에 나타난 양생사상과 수련방법, 명지대학교 대학원, 박사학 위 논문

이현수(2009), 한국 선도의 발생연원과 그 특성에 관한 연구, 국제선도학회 창립 기념 학술 대회 초청논문, p1~44

이현수(2004), 성경의 양생학적 문헌연구, 명지대학교 사회교육대학원, 석사학위 논문

張有寯(1993), 養生大全, 中國 天津: 天津人民出版社

최영성(2010), 최치원의 현묘지도와 儒·仙 사상, 국제선도학회 제4회 국제선도컨퍼런스 논 문집 p31~58

허일웅(1992), 도인 수행이 혈장 β-Endorphin, ACTH, Cortisol, Epinephrine, Norepinephrine 에 미치는 영향, 한양대학교 대학원, 박사학위논문

허일웅(1998,감계향) 42식태극검,정담출판사

허일웅,이현수(2007), 기공학 개론, 서울: 명지대학교 출판부

허일웅,이현수(2006), 선도수련의 원리와 수련방법론으로서의 절수련(丹 拜功) 고찰, 명지대
　　학교 예술체육논총집

허일웅 (2005), 동방선학 서울 : 명지대학교 출판부

허일웅 (2007), 동방선무예 서울 : 명지대학교 출판부

허일웅(2008) 양생태극장 서울 : 명지대학교출판부

허일웅(2008) 대동아이키도 서울 : 명지대학교출판부

저자 경력

- 1964. 03   한양대학교 체육대학 입학, 무술부 설치
- 1965. 03   전국 순회 무술 지도
- 1966. 03   대동류 합기유술 장인목선생에게 사사
- 1967. 05   대한 국술회 설립
- 1976. 01. 31   영국 무예 협회 초청 영국 방문 지도
- 1979. 02   명지 대학교 대학원 체육학 석사학위 취득
- 1881. 03. 01   명지 대학교 체육학과 교수 취임
- 1982. 03. 02   동방 무예 협회 명칭 변경
- 1986. 05. 16   일본 도쿄대학 아이키도부 교류 ,방문
- 1986. 09. 01   용인대학교 합기도 외래 교수
- 1987. 07   오스트랄리아 무술 지도차 방문
- 1990. 11   일본 도쿄대학 방문 한일 아이키도 교류차
- 1991. 05. 04   한국 아이키도 연맹 설립 회장 취임.
- 1993. 02. 25   한양대학교 대 학원 이학박사 취득
- 1994. 08. 15   중국 베이징 체육대학 연구
- 1995. 04   일본 수험도 본부 선무예 시범
- 1995. 05   대한 기공 협회 설립 회장 취임
- 1998. 05   중국 양생태극 전수자
- 1999. 08   중국 우슈 협회 공인7단 승단
- 2002. 09. 28   대동류 합기유술 승계자 계승
- 2003. 01   일본 월간잡지 비전 소개 대동류 승계자
- 2004. 02. 11   대한 체육회 스포츠과학 연구상 수상
- 2004. 04   대한우슈협회 부회장
- 2004. 03. 31   한국 도교문화 학회 부회장
- 2006. 09. 11   타이치 신문 명예회장
- 2005. 11. 08   일본 명치신궁 관장 아이키도 한일교류 공로상 수상
- 2008. 02. 20   대동 아이기도 전서 출판

- 2008. 11. 01　　　중국 서안 체육 대학 객좌교수
- 2009. 07. 01　　　대한 무도학회 부회장
- 2010. 05. 19　　　국민생활체육 전통선무예 연합회 설립 회장
- 2012. 03. 01　　　명지대학교 명예교수.
- 2012. 09. 20　　　국제 헬스치궁 연합회 집행위원 당선
- 2013. 08. 12　　　대한체육회 무예위원회 위원
- 2016. 03. 29　　　대한체육회 전통선술 협회 회장
- 2016. 08　　　　　국제 헬스치궁 연합회 법무위원
- 2019. 05　　　　　국제 선무예 학회 설립
- 2020. 05. 20　　　문화체육관광부 전통무예 진흥위원회 위원
- 2020. 12. 22　　　사단법인 대한선무예협회 이사장 취임
- 2021. 01. 22　　　대한헬스치궁협회 이사장 취임

선무예(仙武藝)

초판 인쇄 2023년 12월 11일
초판 발행 2023년 12월 15일

지은이　허일웅
펴낸이　김태헌
펴낸곳　토담출판사

주소　경기도 고양시 일산서구 대산로 53
출판등록　2021년 9월 23일 제2021-000179호
전화　031-911-3416
팩스　031-911-3417